商鞅

嗨！有趣的故事

Hi! Story

王向輝

中華教育

【出版說明】

在文字出現以前，知識的傳遞方式主要就是語言，靠口耳相傳的方式記錄歷史與情感表達。人類的生活經歷、生命情感也依靠著「說故事」來「記錄」。是即人們口中常說的「傳說時代」。然而文字的出現讓「故事」不僅能夠分享，還能記錄，還能更好、更廣泛地保留、積累和傳承。

《史記》「紀傳體」這個體裁的出現，讓「信史」有了依託，讓「故事」有了新的準則：文詞精鍊，詞彙豐富，語言精切淺白；豐富的思想內容，不虛美、不隱惡。選擇人物一生中最有典型意義的事件，來突出人物的性格特徵，以對事件的細節描寫烘托人物的情感表現，用符合人物身份的語言，表現人物的神情態度、愛好取捨。生動、雋永而又情味盎然。

「故事」中的人物和事件，從來就是人類的「熱門話題」。她是茶餘飯後的趣味談資，是小說家的鮮活素材，是政治學、人類學、社會學等取之無盡、用之不竭的研究依據和事實佐證。

中國歷史上下五千年，人物眾多，事件繁複，神話傳說與歷史事實並存，正史與野史交錯互映，頭緒繁多，內容龐雜，可謂浩如煙海、精彩紛呈，展現了中華文化的源遠流長與博大精深。讓「故事」的題材取之不盡，用之不竭。而其深厚的文化底蘊如何呈現，怎樣傳承，使之重光，無疑成為《嗨！有趣的故事》出版的緣起與意趣。

《嗨！有趣的故事》秉持典籍史料所承載的歷史精神，力圖反映歷史的精彩與真實。深入淺出的文字使「故事」更為生動，更為循循善誘、發人深思。

《嗨！有趣的故事》以蘊含了或高亢激昂或哀婉悲痛的歷史現場，以對古往今來無數先賢英烈的思想、事蹟和他們事業成就的鮮活呈現，於協助讀者不斷豐富歷史視域和深度思考的同時，不斷獲得人生啟迪和現實思考、並從中汲取力量，豐富精神世界，在實現自我人生價值和彰顯時代精神的大道上，毅勇精進，不斷提升。

【導讀】

商鞅，戰國時期著名的政治改革家、思想家，是戰國時期諸子百家中法家的代表人物。商鞅本是衛人，又稱衛鞅、公孫鞅，因被秦孝公封采邑於商地，因此也被稱為商君，《史記》有〈商君列傳〉記載其人其事。

商鞅本來是魏相公叔痤府中的中庶子（戰國時國君、太子、國相的侍從），公叔痤臨死時曾在魏惠王面前大力舉薦他，但惠王不以為意。周顯王八年（秦孝公元年；前三六一年），商鞅在看到秦孝公的求賢令之後，前往秦國，透過秦公寵臣景監的推薦與秦公數次會面，暢談變法強秦的大計，得到秦孝公的信任與賞識。

商鞅在御前廷議中與以甘龍、杜摯為首的保守派進行了激烈的言詞交鋒，最後被秦孝公任命為左庶長，主持秦國的變法。商鞅徙木立信、渭水殺囚，處罰公子虔和公孫賈，在秦國積極推行以富國強兵為目標的變法運動。商鞅以法家思想為依歸，有系統且深入地改革了秦國戶籍、軍功爵位、土地稅收、度量衡等制度，並推行縣制，移風易俗，制定了嚴酷的法律。經過十八年的變法革新，秦國最終成為戰國中後期最有實力的強國，為其後來統一六國奠定了堅實的基礎。

商鞅是中國歷史上著名的政治改革家，雖然最終死於非命，成為一位悲劇性人物，但商鞅變法卻震古鑠今，影響深遠。

目錄

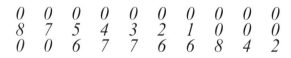

潛龍在魏

戰國時有齊、楚、燕、韓、趙、魏、秦七個主要國家，並稱「七雄」，七雄彼此征戰，謀求國富軍強成為各個國家的頭等大事。魏國用李悝、吳起推行變法，成為戰國首霸。與此同時，其他國家也緊隨魏國變法圖強的腳步，開始躍躍欲試。

周顯王八年（魏惠王九年；前三六一年）的大梁城，商賈車馬輻輳，行人川流不息，魏國的國都繁華而充滿喧囂。作為七雄中最強大的魏國國君，魏惠王躊躇滿志，只是此刻，處理完几案上如山簡牘的惠王多少有些疲倦，不禁打了個哈欠，伸了伸懶腰，宮中刻漏的滴答之聲在寂靜的時刻倍加清楚，惠王尋思著時間已經很晚了，欲解衣就寢。

忽然，一名侍從驚慌失措地趨步而來，急急稟告：「大王，相國病重，剛才府中傳過話來，怕是不行了。」

「什麼，相國不行了？」惠王腦中轟的一聲，身子晃了一晃，「前幾天不是說病情有所好轉嗎？」

侍從大氣也不敢出：「剛才相國府傳話，也不知怎麼的，昨日病情又加重了。」

惠王深知相國公叔痤不僅是自己的王叔，更是自己能夠掌權登位的大恩人。魏惠王之父魏武侯生前對儲君人選一直猶豫不決，其時惠王還叫公子罃，他有個弟弟喚作公子緩，公子緩雖然只是魏武侯的庶子，但在國內頗得人心，更與趙國的國君趙成侯、韓國國君韓懿侯陰謀勾結，為爭奪王儲之位籌謀良久，而掌握樞機的公叔痤站在公子罃這一邊。魏武侯病死之後，公子緩與公子罃爭立為王，最後鬧得兵戎相見，有賴公叔痤力挽狂瀾，統帥魏軍大挫趙、韓聯軍，才使公子罃登上了這得之不易的王位。此後，公叔痤擔任相國，政事事必躬親，夙夜不懈為國效力，這些年來，一直是惠王信賴有加的股肱重臣，如今聽說相國命在旦夕，惠王不由得心亂如麻，急忙吩咐侍從速備車馬，趕去相國府。

初冬的深夜略帶寒意，惠王的內心卻如墜冰窟，一路忐忑不安。好在王宮與相國府距離不遠，不一時車駕就到了府邸門外，待人急忙傳話進去，相國府大門洞開，數十名府中侍從恭恭敬敬出門迎接，為首的帶相國府眾人給惠王行禮，惠王急急擺手道：「都什麼時候了，免了免了，快帶寡人去見相國。」

相國府寢室內的燈火黯淡而昏黃，公叔痤奄奄一息地靠在病榻之上，顫巍巍地咳嗽了幾聲，有氣無力。惠王進得門來，看到公叔痤病容深重，頓時升起關切之心。公叔痤掙扎著想起身行禮，卻沒有絲毫力氣，惠王大步走到病榻前，一把抓住公叔痤的左手道：「相國，切莫起身，且躺好了。」

公叔痤長出一口氣，眼神無力，「大王，我怕是不行了」。

惠王心中淒然，寬慰道：「相國哪裏話來，還是好好養病，過幾日就會好了，我還要與相國商討軍國大計。」

公叔痤又喘了口氣，頗為吃力道：「人生一世不過過眼雲煙，難得大王如此倚重，如今我油盡燈枯，命不久矣，可惜我王霸業未成，我這一走，實在對不起先王和您的殷殷厚望。」

惠王攥著公叔痤顫抖的手，但覺脈息微弱，心裏明白，相國怕是熬不了太久了，不忍道：「相國安心，寡人已安排宮中疾醫即刻前來診治。」

公叔痤搖了搖頭，無奈惆悵道：「生死本是平常之事，只是我去之後，不知大王意用何人秉國政、掌朝綱，與六國爭雄？」

惠王一愣，旋即明白公叔痤這是將有大計相託，想到公叔痤一死，朝中頓失棟樑，自己正感到彷徨無措，如今相國似是早有打算，不由轉憂為喜道：「相國之意，莫非心中已有合適人選了？」

公叔痤頓了頓，對坐在身邊的惠王徐徐道：「我府上有一中庶子名叫公孫鞅，雖然年歲不大，卻是個難得的人才，大王如果要稱霸諸侯、匡扶天下，一定要重用他，最好是讓他代我出任相國！」

惠王原以為公叔痤說出的會是朝中的某位大臣，或是頗得人心的某個王族貴胄，不成想相國舉薦的竟是個從未聽過名字的、相國府裏的中庶子，不禁有些愕然。

公叔痤急促咳嗽起來，猛地一把抓緊惠王的手，道：「大王，公孫鞅乃是衛國的落魄公子，自幼修習法家學說，在我府邸雖然時間不長，但多有智謀，比之我朝變法的大臣李悝、吳起，也不為過。」

惠王聞之一驚：「相國，我想起澮北戰後，你帥軍擒獲趙國大將樂祚，得勝歸來，卻不願得受封賞，將功勞歸於早已離開魏國的吳起將軍和全體將士，可謂高風亮節，只是吳起早已身死楚國，李悝也病逝許久，而如今，如今相國……」

惠王心中不解，嘆口氣繼續道：「相國去後，朝中的諸位大臣、王族親貴中可有能接替相國之位的？」

「沒有。」公叔痤搖了搖頭，這兩個字回答得頗為沉重而無奈，他見惠王並未追問公孫鞅之事，不由升起幾分失望之意，心中頓時充滿愧疚與懊悔，心潮變得起伏不定，不由痛苦得呻吟起來。

惠王無措至極，只得言語寬慰，讓公叔痤好生休息，準備起身回宮。

公叔痤急對陪侍一側的家人、侍從揮手，「你們暫且退下，容我和大王閒語幾句」。眾人應命退下，公叔痤強打精神，在病榻上起了起身子，對惠王鄭重其事道：「如大王不用公孫鞅，切記要除掉他，千萬不要讓他離開魏國，如果讓他跑到別的國家，恐怕對魏國遺害無窮。」

惠王一怔，連連點頭：「相國放心，我知曉了。」

公叔痤見惠王言辭虛與委蛇，心中更覺失望，嘴張了幾張，終未再開口。

惠王又安慰幾句，囑咐公叔痤好生歇息，便起身離開。

魏惠王走出公叔痤寢室，身邊的侍從近前小心翼翼道：「大王，相國今晚所說的公孫鞅，是否要在明日清早叫來宮中問話？」

惠王一愣，尋思良久道：「唉，去年少梁之戰，相國被秦人捉住，雖然最後被放了回來，但這一年看樣子是失了心智，竟然糊塗到讓我重用他的一個什麼中庶子，這麼大一個魏國，人才濟濟，豈能用這等無名之輩？不去理他就是了！」

侍從諾了一聲，不再言語。

惠王打道回宮，而此時公叔痤寢室之內的火燭並未熄滅。

一個少年模樣的男子跟隨侍從走進寢室，此時夜更深沉，萬籟俱寂，這少年男子儀表不凡，器宇軒昂，他走到公叔痤病榻前拱手行禮，輕聲道：「相國，公孫鞅來看你了。」

公叔痤微微睜開閉著的雙目，費勁探了一下身子，招呼公孫鞅坐到自己身邊。

公叔痤對公孫鞅無力地歎了口氣：「這麼晚招你前來，實在是今日做了件有愧於你的事，內心深感不安。」

公孫鞅笑道：「相國這幾年對我照顧有加，何曾有愧於我，此時相國病重，當好生將養，切莫胡思亂想，傷了心神。」

公叔痤擺手道：「我知我也就是這一兩天的日子了，人世一遭，本也沒有什麼遺憾，只是有點後悔今天在大王面前說起了你的名字。」

公孫鞅一驚，道：「相國說到了我，我一個無名小輩……」

公叔痤不以為然：「我向大王舉薦，由你接替我秉政為相，大王卻裝聾作啞，於是我只得向大王獻計，要將你悄悄除掉。大王已經答應要殺死你了。」

公孫鞅聞言鎮定自若，沉吟道：「相國在大王面前舉薦我，對我是有大恩，而讓大王除掉我，也是身居相國大位為國籌謀，相國先公後私並無過錯，無須內疚。」

公叔痤搖搖頭，嘆了口氣：「想我公叔痤一生為魏國殫精竭慮，臨死之際，舉賢不避親，先君而後臣，也是個人職責所在，道義使然。只是這樣做很對不住你，你還是早點逃走吧，明天一早就離開大梁，不要白白掉了腦袋。」

公孫鞅並不畏懼，緩言道：「相國多慮了，我還是在府中照顧您為好，不必逃。」

公叔痤一愣，奇道：「你不怕死嗎？你有一身才幹，滿心抱負，豈可在這裏白白丟了性命！」

公孫鞅知公叔痤是一番好意，不由起身踱步，緩緩在這寢室之內走了一圈，似是在思考，而後說道：「所謂士為知己者死，相國待我不薄，相國病重，我豈能一走了之。何況大王自然不會殺我，我又何必要跑？」

公叔痤說話早已沒有多少氣力，聽言氣道：「大王答應我要除掉你，他是一國之君，既決定不重用於你，怎會不取你性命？」

公孫鞅看著此時窗外夜空的月牙高懸，轉身對公叔痤說道：「大王剛愎自用，他既然不會聽您的舉薦重用我，又豈會聽您的意見來殺我呢。」

公叔痤頓時怔住了，寢室中又傳來一陣急促的咳嗽之聲。

天道西北

大梁城的郊外有一「圃田澤」，是一塊方圓三百里的巨大湖泊濕地，這是魏惠王遷都大梁之後，特意引黃河水南下，發動人力挖掘而成。就在圃田澤的水岸之畔，鬱鬱蔥蔥的林木之中，有一間茅屋，簡陋古樸。

這天黃昏時分，茅屋之內有一老者的聲音傳出：「公孫鞅，你覺得繼續待在魏國還有建功立業的希望嗎？」

公孫鞅長歎口氣：「老師，魏國是七國的霸主，當今的魏王雖然沒有他祖父及父親的氣度胸襟，但也不失為一代雄主，我不是想待在這裏，只是不知曉哪裏還有比在魏國可以更好施展本領的地方。」

這老者喚作尸佼，生得慈眉善目，神態祥和。

尸佼來自魯國，魯國雖然是周公長子伯禽的封國，是大周開國時就有的東土封邦，但此時的魯國已經衰落得不成樣了。尸佼早年就來到魏國，在大梁城圃田澤的這片樹林中開了一處學館，公孫鞅便是他的學生。

「自井中視星，所見不過數星。」尸佼意味深長道，「你一身本領，總不能碌碌無為地繼續做相國府的中庶子吧？」

公孫鞅沉吟片刻，緩緩說道：「相國待我恩厚，如今他雖然病篤，但一息尚存，我總不好此刻棄他而去。」

尸佼大笑：「士為知己者死，本無大錯，但你所學的刑名之學乃是治國根本，魏王鼠目寸光，你豈能吊死在這一棵樹上？」

「公孫鞅，你忘了我告訴你的治國之本了嗎？」尸佼問道。

公孫鞅一愣：「老師是說求賢之道？」

「不錯」，尸佼點點頭，「凡治之道，莫如因智，智之道，莫如因賢，你覺得魏王如今這般待你，魏國還有什麼前途？」

「魏王不是不任賢使能，布衣龐涓、龍賈諸人就是因訓練武卒有功得到的爵位。」

公孫鞅認真道。

「魏王也算任賢使能，可只願意擢拔軍事人才，而且也基本是在自己當太子之時的親信之中選拔，如所信重的公叔痤、公子卬這些都是王公親貴，龐涓、龍賈，也都是在舊日太子時期的人馬，如今執掌國家，還坐井觀天，實在是格局狹隘，如果以出身論英雄，那當年齊桓公怎會得到有射鉤之仇的管仲輔佐，商湯豈能以布衣庖廚伊尹為相，而齊國又怎會稱霸，商朝當如何滅夏呢？」尸佼對公孫鞅的解釋不以為然。

「可是哪裏有大格局的大王呢？魏國的霸主地位，誰又能輕易撼動？」公孫鞅無可奈何道。

「世間萬物，總有變化，你先說說你對如今諸國變法爭強的看法！」尸佼似乎是在考察公孫鞅。

「如今齊國桓公（田氏代齊後的一個齊國君主）初設稷下學宮，致力於招募人才，可惜還是重用親族。楚宣王一方面堅持休兵息民，保存實力，另一方面則洞察形勢，積極對周邊小國鯨吞蠶食，開拓楚國的疆域，外事有功而內政乏善可陳。韓國新君韓昭侯即位不久，國內目前也是政治混亂，朝令夕改，群臣吏民仍無所適從。而趙國的趙成侯時而投靠魏王，時而交好韓國，首鼠兩端。韓、趙與魏三家共同脫胎於晉國，一母同胞，犬牙相錯，魏國經變法而富強，執天下牛耳，韓、趙一時間自然很難有所作為。我的母國衛國，老師的母國魯國，在這七雄環伺的大爭之世，不過是待宰羔羊。環顧列強，能夠與魏王爭鋒天下的，一時間還沒有出現，我以為以後可與魏國一爭的當是齊、楚這等強國，韓、趙只能給魏君製造些麻煩罷了。」

公孫鞅對天下大勢分析得頭頭是道，有賴於這些年他跟隨公叔痤，深度參與魏國的軍政決策，熟悉各國的人事組織及政治事務。

尸佼歎了口氣：「為師曾經告訴過你，學習之道，貴在慧眼創新，不可因循守舊，不知變通，做人做事必須遵循大道，從道必吉，反道必凶，你可記得？」

公孫鞅拱手應答：「恩師所言，豈敢忘記？」

尸佼放下手中所持的簡冊，緩緩踱步：「舉凡草木無有大小，必待春而後生。你自己的功名榮辱，不能渾渾噩噩，而應該有所求、有所動。」

「這個我明白，只是恩師覺得我如要離開魏國，尋找時機，是去齊國，還是去楚國？」

尸佼不置可否：「我們刑名之學講求非先王之法，不循孔子之術，齊國雖有太公、管仲，但畢竟浸淫孔子道統百年，更化不易，楚國國力目前雖然有所上升，但楚國卿族勳貴勢力太過強大，吳起在楚國變法，最後只落得個客死異鄉的悲慘結果，對你這求建功立業之人，楚國算是大凶之地。」

「那恩師的意思？」公孫鞅有些好奇。

尸佼指了指窗外的晚霞，道：「日落時分，晚霞最美，晚霞為西，你一路向西，有何不可？」

「向西？恩師是說秦國？」公孫鞅有點驚奇。

「不錯」，尸佼一本正經道：「中原的西方便是秦國。」

「前年他們的國君獻公剛剛病死，石門之戰，秦國擊敗魏國久經訓練的精銳武卒，斬首六萬，少梁之戰，我曾隨公叔痤在前線督師，結果公叔痤不聽我的勸告，輕敵冒進，結果被秦軍俘虜，好在不久得以安然歸國，」公孫鞅說著說著心中更覺惶恐不安，「去秦國，這是魏國的敵國，公叔痤與我有恩，到秦國，讓我情何以堪？」

「情何以堪？」尸佼大笑道，「你有沒有想過公叔痤的為人？」

「相國的為人？相國待我不薄，在國內也是中流砥柱的國之干城。」公孫鞅頗為不解。

「國之干城不假，可是這種人以德行欺世，心胸狹隘，實在是一隻陰險的狐狸。」

尸佼露出幾分輕蔑與不屑。

「恩師為何如此說相國，我在他門下，他舉賢不避親，而且先君後臣，可謂為國盡忠職守，相國曾大敗韓、趙聯軍，而不受魏王封賞，又在西河抵擋秦國東侵多年，相國雖無吳起的才幹，但也是魏國德高望重之人。」公孫鞅據理力爭。

「公叔痤是心機深重，欺世盜名之徒。」尸佼撂了一句。

「此話何意？」公孫鞅大為疑惑。

「你是當局者迷啊」，尸佼拍了拍公孫鞅的肩膀，「吳起當年出走楚國，乃是因為魏武侯中了公叔痤的計策，可謂是被公叔痤逼走的。你想想，不逼走吳起，一個靠與王族公主聯姻的、平庸的公叔痤豈能當上魏國相國？澮北大戰之後，公叔痤辭謝國君封賞，並把軍功歸於吳起對西河武卒的多年苦心經營，從而受到魏王數十萬畝土地的封賞，做得可謂是八面玲瓏，就連他在國君面前舉薦你，也是在他油盡燈枯的時候。你入他幕下也有些日子了，卻一直擔任中庶子這等教育子弟的閒散職官，他重視你的建議，卻從不委你重要的官職，油盡燈枯之際，才把你推薦給國君，既保住了自己生前的富貴榮華，又贏得了身後的君子名聲，實在是厲害得很，狡猾得很！」

公孫鞅聽得目瞪口呆，半晌不語，只是暗自思忖：「相國難道真是為了他的位子？」

「公叔痤身為貴族，做事不擇手段，因此方有今日的成就，而你一介布衣，如今大爭之世，做大事難道還要貪圖名聲？」

兩人正說話間，忽然門外跌跌撞撞闖入一個學生模樣的人：「不好了，剛剛得到王宮傳來的消息，公叔痤病死了。」

「相國死了？」公孫鞅心中大悲。

「真的，千真萬確。」來人肯定道。

公孫鞅長歎一口氣，想到公叔痤對自己的知遇之恩，不禁充滿傷感唏嘘之意。

「你看這是什麼？」尸佼轉身從几案上拿起一枚簡冊，遞給公孫鞅。

公孫鞅伸手接過，展開仔細端瞧，只見上面寫道：

昔我穆公，自岐雍之間，修德行武，東平晉亂，以河為界，西霸戎翟，廣地千里，天子致伯，諸侯畢賀，為後世開業，甚光美。會往者厲、躁、簡公、出子之不寧，國家內憂，未遑外事。三晉攻奪我先君河西地，諸侯卑秦，醜莫大焉。獻公即位，鎮撫邊境，徙治櫟陽，且欲東伐，復穆公之故地，修穆公之政令。寡人思念先君之意，常痛於心，賓客群臣有能出奇計強秦者，吾且尊官，與之分土。

「這是……」公孫鞅愣了一下，繼續念道：「賓客群臣有能出奇計強秦者，吾且尊官，與之分土。」念著這句，不由心中大震。

「這是當今秦公最近頒佈的求賢令。」尸佼一板一眼道。

「秦公，秦國？」公孫鞅默默念叨。

秦公是伯益之後，周孝王時期，秦國首領非子善於養馬，被周天子封於汧渭之地；秦襄公時因護駕周平王東遷有功，秦國得以立國；秦穆公之時，致力在西陲發展，滅國十二，拓地千里，穆公本人更被稱為「春秋霸主」。戰國初年，在秦厲公、躁公、簡公、出子幾位國君的統治時期，秦國內政混亂，政治腐敗，黃河以西的大片土地被強大起來的魏國侵佔殆盡，秦獻公當政之後，為富國強兵，對抗強魏，把秦國國都從雍東遷到櫟陽。秦獻公推行變法，秦國開始崛起，周顯王五年（秦獻公二十一年；前三六四年）的石門之戰中，秦軍斬首魏軍六萬，是為戰國時秦對東方強國魏的第一次勝利。周顯王七年（秦獻公二十三年；前三六二年），秦國又利用魏國與韓、趙大戰無暇西顧之機，試圖奪取河西，派庶長國為將，在少梁大敗魏軍，公叔痤就是在此戰中被秦軍俘虜的。

「少梁之戰，秦國俘虜了相國，秦獻公最終把相國送回，不想相國因戰敗被俘之事心中鬱鬱，歸國之後就一病不起，直到今日。」公孫鞅不由嘆息道。

「秦獻公也在這場戰役中受傷，不久就病死了。少梁之戰，秦魏可謂是兩敗俱傷啊。」尸佼也一聲嘆息。

「聽聞新即位的秦公喚作渠梁，是獻公的次子，剛二十一歲。西邊傳來的消息說，這新秦公已經發佈政令，要對秦國百姓廣施恩惠，弔貧問孤，積極軍備，看樣子是準備替秦獻公報仇，要繼續找魏國的麻煩。」尸佼一邊說著一邊合上公孫鞅遞回來的秦公求賢令的簡冊。

「因此，我覺得你不妨去秦國試試運氣。」尸佼給公孫鞅提議。

公孫鞅一愣，在這以前，他真沒有想過要去秦國尋找機會。

他不由想起秦國有個故人景監。這景監本是楚國人，因為家道中落一度流落在衛國，公孫鞅研習刑名之學時常與他在一起遊樂，如今一別多年，聽聞景監後來去了秦國，前幾年已經是秦獻公的大臣，如去秦國，他倒是條門路。

「秦人有彪悍之風，部族與犬戎融合混戰數百年，血性不減，秦國所佔據的又是昔日宗周的舊地，雖浸潤周禮而不循規蹈矩，穆公當年求賢若渴，因此也稱霸一時，新秦公如今窮則思變，亟須富國強兵，你一身本領，只要有合適的機會，也許可以在秦國一展所長。」尸佼看了眼窗外，捋了捋鬍鬚，繼續道，「秦國雖然遙遠、荒僻，但正因為荒僻，才適合你這等布衣之士白手起家，建功立業啊。」

晉國的董叔曾經說「天道多在西北」，雖是說星象，也可能是人事。「也許秦國真是我的天意所歸？」公孫鞅在心中喃喃自語。

「你不妨先去看看機會，為師隨後便來，與你在秦國並肩幹一番事業。如何？」尸佼充滿自信道。

公孫鞅、尸佼相視而笑。一束餘暉映進屋內，頓時將整個茅舍照亮了。

投石問路

料理完公叔痤的喪事，公孫鞅收拾行囊拜別尸佼，一路向西直奔秦國。

進入秦都櫟陽之後，公孫鞅打聽到景監果然在秦國，更令他興奮的是，這景監如今是新秦公的寵臣。次日大早，公孫鞅穿戴整齊，便到景監府邸投書拜訪。

待侍從通報後，景監急匆匆地出來迎接公孫鞅。

景監與公孫鞅年紀相仿，生得是憨厚英武，走路更是虎虎生風。

「公孫兄遠道而來，實在不勝欣喜，今日兄來到秦國，定要與我痛飲一番。」景監一直是一個講義氣、重舊情之人。

公孫鞅拱手施禮，兩人攜手入得庭院。在大堂几案前賓主坐定，一陣寒暄過後，言歸正題。

「聽聞公孫兄於魏國擔任公叔痤座下的中庶子，頗受魏相恩寵，如今是什麼風把你吹到秦國這荒僻之地了？」景監有點好奇。

「實不相瞞，我此次來秦，是投奔老兄來了。」

公孫鞅也不隱瞞，將公叔痤病死，自己看到秦公求賢令，想到秦國一試身手的心思和盤托出。

「只是我與秦公素昧平生，如能得兄引薦，實在是不勝感激。」公孫鞅開門見山。

這景監深知公孫鞅是個人才，如今他雖是一介布衣，但兩人同遊之時已見識其氣象不凡，其後景監到秦國試運氣，公孫鞅則到魏國找機會。如今公孫鞅來到秦國，有求於他，自己豈能袖手旁觀。何況為國選才也是責無旁貸，就是公孫鞅不主動找上門來，自己還正琢磨著如何為秦公搜羅人才呢。想到此處，景監不由哈哈大笑：「公孫兄能來秦國，自然是相信我景監，公孫兄的事，就是我的事，明日我在君上面前為兄說說，希望兄與君上能見上一面。」

景監看了眼豐神俊秀的公孫鞅，笑道：「牽線搭橋的事我幫你辦妥，至於是否能夠得到君上的賞識，那就要看公孫兄的了。」

公孫鞅哈哈大笑，兩人促膝而談，夜半方散。

沒過幾天，景監就帶來消息，秦公要與公孫鞅見面一談。

櫟陽王城大殿，一派莊嚴肅穆，殿堂當中黑色的几案，公孫鞅看了看在自己對面跽坐的秦君，但見他約二十開外，相貌雄俊，眉宇開闊，凜然之中有一種英武之氣，又不乏謙遜之風。

秦公清了清嗓子，開口問道：「先生何人，來自東方哪國？不知先生與景監是什麼關係？」

公孫鞅起身行禮，不卑不亢道：「在下公孫鞅，本是衛國子民，曾於魏相公叔痤門下擔任中庶子，因此來自魏都大梁，景監為君上之臣，與我乃是昔日舊識。」

「景監在孤面前稱讚先生是治國大才，孤今日請先生前來，就是想聽聽先生的治國高論。」秦公的姿態頗是誠懇。

「治大國若烹小鮮，乃是黃帝治國之道。」公孫鞅開門見山而意味深長。

「黃帝乃是遠古聖王，黃帝之道舉重若輕，先生以為黃帝之道可以強秦？」秦公似乎來了興趣。

「黃帝之道，崇尚清靜無為，允執其中，乃至高大道。」

「哦。」秦公不置可否。

「君上可知黃帝神遊華胥國的故事？」公孫鞅循循善誘。

「神遊華胥？」秦公頗有些茫然。

「當年黃帝夢遊華胥天國。其國沒有君主首領，一切效法自然，老百姓對生死之事沒有歡喜憂愁，家中沒有個人私財，是雞犬之聲相聞、老死不相往來的安逸情形，傳聞黃帝因此得到啟發，歷經二十八年的無為而治，最終達到了天下大治。」公孫鞅信手拈來，侃侃而談。

「難道這樣就天下大治了？」秦公似乎有些不以為然。

「不錯，天下無為而無不為，此後堯、舜王位禪讓，皆用此道，如果君上要實現大秦國富兵強，再現先祖穆公的鼎盛輝煌，黃帝之道當是最好的治國之道。」公孫鞅引經據典，娓娓道來。

「嗯。」秦公依然不置可否。

公孫鞅不以為意，他列舉堯、舜的治國綱目，口若懸河、神采飛揚，綿綿不絕。

秦公開始還耐著性子聆聽，過了一會，似乎有些不耐煩了，竟然打起盹來。

公孫鞅毫不顧忌地講著堯天舜日的盛景，忽然聽到對面傳來了輕輕的鼾聲，只見秦公手拄著几案，竟自睡著了。

這次會面就在這種氛圍中結束了。

公孫鞅回到傳舍，顧不上歇息，在館外一隅一邊踱步，一邊笑而不語。

景監急匆匆走來，滿臉的怒氣，衝公孫鞅嚷道：「公孫鞅，你胡言亂語什麼，君上如今正要做變革，強秦國，你卻講什麼清靜無為，黃帝堯舜的無為之術，虧我在君上面前舉薦你大才蓋世，今天你讓我這張老臉丟大了！」

公孫鞅大笑：「鞅怎敢讓兄丟臉，今日君上召見，我講黃帝堯舜，不過是試他一試。」

「試他一試？」景監既憤怒又愕然，「公孫鞅，他是大秦國君，你竟然要試他？把君上的召見視作兒戲？未免太過份了！」說到激動處，景監氣得直跺腳。

公孫鞅安慰景監道：「兄不要生氣，所謂良禽擇木而棲，忠臣擇主而事，我一介布衣，又是來自大秦的敵國，自然要先明白君上的決心，才好做決定。」

公孫鞅拍了拍景監的肩膀，「好人做到底，你還是要再幫我一次！」

「再幫你？」景監不解。

「幫我在你家君上面前說幾句好話，安排我和秦公再見一面。」

「什麼，你！」景監驚得舌頭都不順溜了。

「你還要見君上，你不是把我架到火上烤嗎？」景監沒好氣地搖頭。

「老朋友嘛，況且你不是要為國選才？」公孫鞅說得誠懇。

「君上日理萬機，一是因為你來自強魏，又是魏相公叔痤的中庶子，身分特殊，二是我極力美言，君上求賢若渴，方才安排了今日的召見。不想今日你一番言論，已經令君上頗為失望，如何才肯讓他再次召見你？」景監頗有些為難。

「你不妨說我公孫鞅通曉強秦的祕術，這次黃帝之道，不過是一個引子，其實我對黃帝之道本是外行，強秦之道才是內行，希望君上能夠再次撥冗一見。」

景監沉默了一陣，道：「我不知道君上聽了你這話會是什麼反應，我就勉為其難一次吧。」

「你是秦公心腹，第一次君上召見我是他有求賢若渴的公心，再召見我，自然是試驗君上與兄之間的君臣之情了，我以為君上想必還是會給兄幾分薄面，正好兄也可藉此機會試探一下自己在君上面前到底是有多大的份量。」公孫鞅附在景監身邊低聲言語。

過了五日，景監帶來消息，秦公同意再與公孫鞅相見。

晚霞夕照，斑駁的光線映射進大殿中髹漆彩繪、雕刻玄鳥的廊柱。黑色的蒲席之上，秦公與公孫鞅對坐東西兩側，秦公謙遜道：「先生上次教我黃帝之道，我回去思索良久，只覺上古渺茫，所傳道術冥冥不可知曉，聽聞先生講黃帝之道，只是個引子，不知先生認為秦國若要強大，最好的辦法是什麼？」

「君上所問，懷有迫切的強國之志，我以為秦國可行王道。」公孫鞅胸有成竹道。

「王道？」秦公一愣。

「不錯，也就是商湯、周文王、武王的治國之道。」公孫鞅煞有介事地回答。

「先生所說的王道，莫非是孟夫子所秉持的治國之術？」秦公有些不以為然。

「孟子所言，正是此道，王道以仁義為先，人之初、性本善，只要君上仁者愛人，大行善政，在秦國以不忍之心行不忍之政，假以數年，秦軍自是王者之師、仁義之師，所向披靡。所過之處，皆是齊、楚、燕、韓、趙、魏百姓簞食壺漿以迎秦師。」公孫鞅講得頭頭是道。

「如今大爭之世，列國殺伐爭奪，你死我活，如何有時間廣興教化，推行仁義道德？這種強國之術只怕是持方枘以納圓鑿，不合時宜吧。」秦公搖頭。

「這倒不然，只要君上秉持仁愛之心，與百姓同甘共苦……」

「先生且回去歇息，容我好好想想。」秦公頗有些困倦，擺擺手打斷了公孫鞅的話，「今日我有些累了。」

公孫鞅稽首，默默退下，出了大殿，看著即將墜落的金烏，不由自言自語道：「不想秦國地處西陲，歷來荒涼，卻也有如此的美景。」

不多時，景監急匆匆走來，沒好氣道：「公孫鞅，你又害我！」

公孫鞅安慰景監道：「無妨，無妨。」

「無妨，你又耍我，適才秦公斥責我辦事不力，浪費時間，說我舉薦的人言辭浮誇，不堪大用。」

「你還是早點離開秦國，另謀高就吧。」景監愁眉苦臉地歎氣。

公孫鞅哈哈大笑道：「兄說什麼喪氣話，今日與君上相見，我還是試探你家君上，看他是否真有讓秦國崛起的雄心壯志。」

「你，你瘋了不成，得君上單獨召見的機會難得，豈能再做這等兒戲！」景監臉色煞白，氣得快要吐血。

「我沒瘋，這次我給君上講授文武王道，君上聽得興味索然，這不正說明你家君上有革新的英睿遠見嗎？」

「此話怎講？」景監被公孫鞅折騰得有氣無力了。

「王道講求仁義道德，法先王而不知變通，一味做恢復周禮的舊夢，你家君上對此毫無興趣，不正是擁有銳意進取的膽魄嗎？」

「君上就是有凌雲壯志，雄渾膽魄，也和你公孫鞅無關了。」景監沒好氣地回道。

「兄此言差矣。我既然是你舉薦給君上的，如果你不繼續舉薦，君上可是要追究你舉薦失察之罪，如果你繼續舉薦我，待事成之後，你在君上面前不是也可以日漸貴重嗎？」公孫鞅欲擒故縱，張弛有度。

「再舉薦你？」景監驚得瞪大了眼睛。

「再安排鞅與君上見上一面。」公孫鞅正色道。

「什麼，再安排會面。」景監喘不過氣來。

「不錯。」公孫鞅拉了拉他的手，「這次你就跟君上說，公孫鞅敬佩他銳意革新讓大秦崛起的志向，願意為君上獻上真正的強國之計！」

景監無奈道：「這讓我好生為難，你兩次戲耍君上，讓我怎好意思再去開口。」

「我知道讓兄為難了，但比之秦國日後的強盛，是兄的個人榮辱重要還是秦國的未來重要？」

景監長吁了口氣，看了眼面前站著的這位故人，目光中流露的自信，眉宇中似是包含著整個家國氣象。禁不住咬咬牙道：「好吧，我再硬著頭皮勸諫君上，再安排君上召見一次。」

「這一次，你可千萬別讓君上，還有我失望啊！」景監以手扶額。

引為知己

公孫鞅也沒有料到的是，很快秦公就同意再次召見他，看來景監在秦公跟前真是盡力了。

夜已初沉，殿內燭火微明，秦公、公孫鞅二人對坐，秦公仍語帶虔懇，謙恭問道：「先生兩次指教，我也認真思考了一番，所謂王道，只怕要多費時日方可富國強兵，如今大秦與魏國相爭，生死存亡在須臾之間，王道只怕是不合時宜，不知先生可還有別的強國祕術，可以教我？」

公孫鞅不卑不亢道：「君上可知齊桓、晉文的故事？」

「齊桓公、晉文公都是數百年前著名的霸主，他們尊王攘夷、存亡續絕，算得一世英雄。但不知先生說起他們有何用意？」秦公不知所以。

「齊桓、晉文，所用乃是霸道，所謂王道，講求仁者愛人，所謂霸道，則進取於功業彪炳，殺伐立威。齊桓公伐楚，雖以尊王攘夷為口號，實則是在變法強國之後開始耀武揚威、稱霸諸侯。晉文公攻原，約定十日佔領，十日不克竟然棄之而去，原人知道文公如此守信才主動歸降，表面看，這是因為守信而民心歸順，但晉文公所仰仗的根本是晉國經過變法圖強，實現了晉軍的兵強馬壯，所謂齊桓、晉文的霸道，就是憑藉武力、刑法、權勢而駕馭國家，統治子民。」

「先生所言，倒是有幾分道理，我想請教先生，魏國如今之強大，是用的何種治國之道？」秦公虛心求教。

「魏國強大，一是繼承了昔日晉國的強大根基，晉國在晉文公之後有九世霸業，楚材為晉所用，韓、趙、魏三家分晉，而魏國所得實利最多，因此魏國先天條件豐厚，魏文侯在位五十年間禮賢下士、虛心納諫，李悝、吳起、西門豹、樂羊這等天下英才都樂為之用。李悝盡地力之教，吳起顯耕戰之士，食有勞而祿有功，西門豹移風易俗，文侯在國內奉行有功者必賞，有罪者必誅，自強自立，執列強之牛耳仍誠惶誠恐，魏國君主如此作為，群臣盡心盡力，魏國豈能不強？」

「文侯之後，魏武侯在位，吳起被驅逐，西門豹身死，先生以為，武侯時期的魏國為何仍然可以保持第一強國的實力？」秦公對公孫鞅的回答似有一些興趣，又繼續問道。

「武侯做太子之時，文侯以賢人田子方為太子師，田子方教導太子富貴者不可驕人，應謙恭謹慎。中山國乃魏國要塞，武侯做太子時即主政中山，可謂久經歷練，武侯即位之後，雖然沒有父親魏文侯那般的氣度胸襟，但遵循文侯確定的霸道治國，因此仍然維持一時之盛。」公孫鞅思維敏捷。

「那先生以為如今的魏侯，還能繼續維持魏國之強？」秦公問到了他最關心的問題。

「如今的魏侯，並非昏庸無能之輩，武侯即位之後，在外注意聯合韓、趙，重建三晉同盟，在列國紛爭中共同進退，對內則重視生產，興修水利，更擢拔了龐涓、公子卬、龍賈等新銳武卒將領。但魏侯的爭霸戰略，卻有重大隱患，可能因此而霸業中衰。」公孫鞅一針見血，切中要害。

「哦？」秦公一愣，不由急道：「先生所言，魏國的重大隱患是什麼？」

「魏國從安邑遷都大梁，實在是大誤！」公孫鞅嚴肅道。

「大梁乃高大富庶之城，地處平原而肥沃豐饒，地勢平坦得交通便利，魏國的武卒更號稱『勁旅鐵軍』，舊都安邑經上黨通往東方，上黨崎嶇多山，容易被敵國切斷要塞，也不便於控制東方諸侯，魏國遷都大梁，乃是爭霸中原的舉措，為何先生對此不以為然？」秦公對此問題顯然是做過認真思考的。

「爭霸中原，卻陷入四戰之地，可謂得不償失。」公孫鞅一語中的。

「如今列強基本是處於均勢狀態，魏國雖然強大，但並無絕對優勢，尤其一統天下的時機尚不成熟，魏國遷都大梁，只能是讓其他諸侯震懼而合謀圍擊，大梁位於天下之中，車馬輻輳，皆為坦途，更是易攻難守，在如今這大爭之世無險可守，國家安全如何得到保障，魏王以四戰之國好舉兵以拒四鄰，那不是自己與所有的敵國同時開戰自尋死路嗎？」

秦公瞪大了眼睛，呆呆發愣良久，「先生所言，令我茅塞頓開，容我細細思索，今日已晚，你且下去好生歇息」。

公孫鞅不再言語，施禮退下。

等在一側的景監早已耐不住性子，上前小心翼翼地問秦公：「今日公孫鞅所論，君上以為是否是不切實際的胡言亂語？」

秦公緩緩起身，沉吟片刻道：「好個景監，你推薦的人似乎還有幾分見識，容我考慮成熟，再做定奪。」

景監一時語塞，內心抑制不住忐忑起伏。

別了秦公，不顧天色已晚，景監急急來到傳舍，對公孫鞅叫道：「哎呀，你嚇死我了，看來君上對你今日的言辭有些興趣！」

公孫鞅一副成竹在胸的模樣道：「君上對霸道很有興趣，尤其我談論魏國遷都利弊之語，看來令君上頗為震動，兄當儘快安排我與君上再見一次，我相信，這次就大功可成了。」

「好！可是這次我覺得不用我說，君上也會主動要與公孫兄再見面的。」景監似乎露出了笑容，言語輕鬆了許多。

「話雖如此，你還是要敲敲邊鼓，添把柴火讓它熊熊燃燒才好。」公孫鞅拍了拍景監的肩膀道，「如若事成，可都是兄的功勞，在秦公那邊，兄也能更上層樓。」

景監聞言正色道：「公孫鞅，你小看我了，我為國舉才，豈有私心？」

兩人不禁哈哈大笑。

果然如景監所預料，秦公當日下午就在偏殿再次召見了公孫鞅，殿中座席前的几案上也擺滿了山珍佳餚。

秦公滿面春風，誠懇道：「昨日與先生抵掌夜話，受益頗多，今日繼續邀請先生前來，希望先生能再次教我。」

「不敢不敢。」公孫鞅嘴中雖然謙遜，心中卻有幾分得意。

「前日先生所言，魏國遷都大梁，乃是大錯，而先父獻公從雍遷都櫟陽，不知先生有何看法？」

「櫟陽之前，秦都在雍城，獻公即位，推行新政，遷都櫟陽，乃是表明大秦矢志東進的決心。昔日穆公雖為一方霸主，卻因崤之戰失敗，秦國被晉阻擊在關西之地，只能向西發展，因此國運局促於一隅之地。而秦長期荒僻，誠如君上求賢令上所言，諸侯卑秦，醜莫大焉。獻公遷都櫟陽，乃是要主動東進中原。況且魏國如今已佔有河西地區，以河西郡進擊秦國遊刃有餘，而秦舊都雍城距離河西太遠，不利於與魏國兵鋒相持，而櫟陽距離魏國西河郡很近，自是大秦東出與魏對峙的最佳之地。」

「嗯，嗯」，秦公聞之不禁點頭。「只是我大秦東出即面臨強魏，又如何能夠東向與列強角逐爭鋒？」

「角逐爭鋒，豈止要角逐爭鋒，秦國還要東向以制諸侯！」公孫鞅自信滿滿。

「東向以制諸侯？」秦公大吃一驚，繼而實事求是道：「魏國強盛，秦國國力貧弱，這有些不切實際吧？」

「魏國雖強，秦亦可強！若要強秦，唯有變法。所謂窮則變，變則通，通則久。」公孫鞅一字一句，擲地有聲。

「不瞞先生，我深知唯有變革才能救秦國、興秦國，我已打定主意要變法圖強，但如何變法，我暫時還沒有個思路。」秦公不禁苦笑。

「變法，就要矢志不移，堅持食有勞而祿有功，以耕戰為立國之本，用法家之術而興兵富民，唯有此術，方可以使秦崛起，爭雄諸侯，稱霸而王。」公孫鞅正式拋出了自己的主張。

「法家之術？」

「對，當前秦國國力貧弱，在於宗室享有榮華而碌碌無功，民眾熱衷私鬥而自由散漫。」

「唉，我又何嘗不知，只是宗室洶洶，百姓蒙昧，先生有什麼好的解決辦法？」秦公更加虔懇地問道。

「這個其實不難，對宗室、百姓不可分別對待，而應依賴於法令昭彰，法家強調不別親疏，不殊貴賤，一斷於法，只要對百姓嚴加控制，鼓勵其從事本業，挖掘生產潛力，同時增殖人口，建立嚴密的管理體制，把百姓擰成一股繩。而對宗室更要嚴加處置，避免他們倚仗權勢作奸犯科，同時褫奪沒有功勳的宗室屬籍，不能讓他們因為血統出身就可以無所事事，成為國家的蛀蟲。必須嚴格尊奉以法治國，有功者顯榮，無功者雖富也不能給予恩厚，唯如此，秦國才有希望。」公孫鞅滔滔不絕地把自己對變法的思考一一道來。

秦公已然聽得如醉如癡，不知不覺中身體前傾，與公孫鞅湊得很近，「先生所言，的確精闢，但變法之事，動搖國本，不知先生有何良策，可以堵住百姓、宗室的悠悠眾口？」

公孫鞅聲色俱厲道：「以法治國，沒有書簡議論，絕跡百姓風聲，為何要憂懼百姓、宗室的悠悠眾口呢？讓舉國聽命於君上，以法為教，以吏為師。唯如此則國家無事而富有，國家有急而兵強，只有變法圖強，才可以所向無敵。在秦國，由君上實現超越五帝，與三王並駕齊驅的空前大功業。」不等秦公追問，公孫鞅已脫口而出。

「好！」秦公激動地拍案而起，已然掩飾不住興奮之情。

待興奮勁兒稍過，秦公又歎道：「只是變法牽涉甚多，紛繁艱巨，有何人可以與孤為變法齊心協力，為強秦而共同進退？」

「君上堅定矢志不移，君如長做青山，我自願永如松柏，任君上趨馳，為秦國變法富強而嘔心瀝血，更不懼風暴侵襲，粉身碎骨，唯願君上與我堅定同心，假以時日，自然大業可成。」公孫鞅心潮澎湃，豪情滿懷。

「好！好！」秦公激動地擊掌，連叫了兩聲，他上前挽起公孫鞅的手，鄭重道：「真是蒼天有眼，讓先生來到秦國，當年商湯重用庖廚伊尹而滅夏桀得以名垂千古，周文王渭水訪求到姜子牙，從而開創大周禮樂盛世，齊桓公以射鉤之仇的管仲為相而終於射取天下，今天你公孫鞅來到我秦國，也是上天對我嬴渠梁的特別恩賜嗎？」

「臣不敢自比先賢，臣定當竭盡全力，使大秦國富民強。」公孫鞅急忙對秦公施禮，被秦公一把攔住了，兩人執手而立，四目相對，心中更是波瀾起伏。

良久，秦公似乎想起一事，不由憂心道：「變法茲事體大，我雖贊同先生的主張，但朝中尚有甘龍、杜摯等人，皆是王親重臣，宗室一向以這二人馬首是瞻，如要推行變法，必須說服他們，免得惹來日後的麻煩。」

「這個簡單，君上只要召開會議，我自當與甘龍、杜摯大人解釋清楚。」

「這甘龍是飽學之士，杜摯也是我大秦一時之秀，先生務必小心。」秦公好心囑咐。

「君上盡可放心，我既然來到秦國，就一定要輔佐君上成就一番功業，粉身碎骨都不懼，豈會怕這口舌之爭！」公孫鞅斬釘截鐵道。

朝堂交鋒

清晨，莊嚴肅穆的秦宮大殿之上，眾多朝臣一一就位，秦公冠冕端正地坐定尊位，首先清了清嗓子道：「今日朝會，有一件大事……」秦公看了眼站在身側的公孫鞅，但見他自信地衝自己點頭微笑，不由心中安慰，「這位公孫鞅先生從魏國而來，諳習刑名之學，我意由他主持我大秦變法，負責軍政事宜，以實現我大秦的富國強兵。」

秦公話音剛落，就聽有一老臣咳嗽之聲，公孫鞅循聲仔細端瞧，只見一六十開外的老者，衝秦公顫巍巍施禮，「君上，臣甘龍有幾句話要說。」

秦公恭敬道：「甘大夫，今日朝會，事關秦國未來施政方針，自然是知無不言，言無不盡。」

甘龍見君上允諾，首先指了指公孫鞅，對秦公道：「我大秦與魏國正在河西爭奪土地，數萬將士為大秦浴血廝殺，秦人與魏人血海深仇不共戴天，這位公孫先生從魏國而來，我聽聞在魏國時，這位先生還是魏相公叔痤的中庶子，我們如何知曉他會不會是魏國派來的奸細？」

朝堂之上一片驚詫之聲。

景監仗義執言道：「甘大夫，你多慮了，公孫鞅與我曾是故友，到大秦之前，的確擔任過魏相公叔痤的中庶子，但他此來秦國，乃是因為應君上的求賢令，希望為我大秦建功效命，斷不會是到我秦國刺探軍機的魏國奸細。」

甘龍扭頭詰問景監：「公孫鞅遠道而來，雖與景大人有舊，難道景大人可以擔保他沒有其他的目的？」

景監也不示弱，正色道：「公孫鞅志向高遠，才智超群，我可以擔保他絕非狡詐陰險之人！」

甘龍不以為然，「景大人，知人知面不知心，你為人忠厚，須知人心難測啊！」

「好了，甘大夫，孤已召見公孫先生數次，知曉他斷非魏國細作，今日之事，主要是想聽聽大家對變法的意見。」秦公果決打斷了甘龍對公孫鞅的指責。

「但不知這位公孫先生計畫如何在我秦國推行變法？」甘龍調轉話題，依然不依不饒。

「所謂變法，就是要在秦國改弦更張，廢棄長期以來秦國周禮之腐朽習俗，廢棄世卿世祿，在全國推行以法治國，獎勵耕戰，禁止百姓私鬥，宗室非有軍功不得有恩厚，百姓有耕戰之績則必予以重賞，從而來實現秦國的富國強兵。」這些都是公孫鞅思慮許久的方略，自然是爛熟於心。

甘龍聽罷擺擺手，不以為然道：「大秦自來奉行穆公德政，祖宗之法，乃是聖人之教，行之百年，民風淳淳質樸，將士奮奮安心，豈能任意更動，如依照公孫先生所言變法，只怕行不了幾日，群臣百姓因無所適從，反倒生出百般怨言，千種事端。」

秦公沒有作聲。

「甘大夫此言差矣，舉凡變法，必然有開始的不便，因百姓臣民的議論紛紛而畏縮，因天下人的指指點點而猶豫，自然是什麼事也幹不成的。真正的英明君主，從來都不怕臣民非議，不懼無聊無謂的議論，百姓對君主而言，乃是被統治的子民羔羊，君主的決策豈能為這些臣民所隨意左右。」公孫鞅毫不示弱，侃侃而談。

朝臣中忽又響起一人的反對之聲，這聲音渾厚高亢，「公孫先生所言，實在是匪夷所思，自來得民心者得天下，為政以德，仁者愛人，而德政、仁愛方能教化百姓，自然能夠國富民強。」

公孫鞅打量了說話的這個中年男人一眼，但見他敦實矮胖，面容圓潤飽滿，對自己頗有幾分不屑的神情。

秦公引介道：「這位是大夫杜摯，乃我大秦的飽學之士。」

公孫鞅與杜摯互相施禮。

「杜大夫所言，實在是愚陋之見！」公孫鞅言辭犀利，毫不客氣。

「你……」杜摯臉色微變，頗有點不服。

「為政以德，不過虛情假意。仁者愛人，試問君威何在？百姓們不過烏合之眾，做大事、成功業的，絕不可被百姓左右，百姓愚昧無知，只有自私自利的短見，不可與之謀劃大事。錦上添花易，雪中送炭難，如今秦國疲弱，豈能與這等無知小人討論國運，民眾的流言，百姓的謠傳算得了什麼，成大事者一定要自定其心。」公孫鞅反唇相譏。

杜摯反駁道：「我朝穆公重視德政，曾有泛舟救濟晉國災民的善舉，因此百姓無不歸心。穆公馬匹被岐下野人所盜，本應將岐下野人依法治罪，穆公秉持仁德之心，將這些野人悉數釋放，並以好酒奉與吃掉穆公之馬的岐下野人，因此才得到這些岐下野人的保護，並俘虜了晉惠公，取得韓原之戰的大勝。公孫先生，穆公稱霸，還不足以說明得民心者可以無敵天下的道理嗎？」

「穆公稱霸，確是事實，但穆公之世已過數百年，治國之法，豈能因循守舊，不知變通。況且穆公之時秦國雖號稱強盛，但終局促於西陲一地，東出之路被晉人所阻，要隘關口數百年落於敵手，崤之戰大秦匹馬隻輪無返，不知杜大夫認為秦是強大到無敵，還是只能在西陲稱王稱霸呢？」

「你……你竟敢非議先君！好大的膽子！」杜摯氣得喘了起來。

「穆公威名，令人敬仰。」公孫鞅知曉秦國這位先君還是不能非議的，他話鋒一轉，「但秦國之強，不能活在穆公的影子之中，時移而世易，豈能抱殘守缺！倘若變法可以強秦，何必要完全遵循穆公舊典，如果變法能夠為秦確立百年大計，何必要因循穆公的主張呢！這不過是邯鄲學步，東施效顰，豈不惹天下人恥笑。」公孫鞅聲音洪亮，義正詞嚴，一字一板間充滿張力。

「你這是數典忘祖，令人唾棄的行徑！」杜摯厲聲指責道。

「如果依靠祖宗，可以奪取河西，那我們就每日祭祀穆公，坐等魏國將河西肥沃之地拱手歸還秦國，豈不妙哉？」公孫鞅反唇相譏。

「先生所言，實在是大逆不道！」甘龍清了清嗓子，「想大禹治水，百姓歸心而得天下，堯帝禪讓給舜，舜傳位給禹，都是有德者居之，即使是商湯、文武，周公，也是敬德保民，民之所願，天必從之。祖宗之法，乃放之四海而皆準，千古不變的信條，豈可因一時國家之困頓而橫生懷疑？豈可因外邦之人的幾句蠱惑而忘乎所以？」

甘龍這幾句話意有所指，在上座的秦公不由尷尬地咳嗽了兩聲。

「甘大夫囿於成見，思維僵化，實在是秦國的大不幸！」公孫鞅毫不退讓。

甘龍氣得臉色微變，還未開口反駁，公孫鞅又道：

「昔年鯀治洪水，一味堵塞，結果辛苦操勞，十年不成，若非大禹改堵為疏，哪有萬民歸心，焉有華夏？堯傳位給舜，號稱禪讓，不過是虛名美譽，其時舜實力日益增強，堯帝德衰，不得不退位讓賢，即使是湯武革命，也是因時變而起事，夏桀暴虐，商紂無道，若依甘大夫所言，百姓只能逆來順受，任其宰割不成？正是因為商湯、周文王、周武王敢於承擔，致力變革，在黎民倒懸之際揭竿起義，才開創殷商與大周的數百年盛世。殷商太戊即位之初，國家內政昏聵，太戊不因循守舊，而是勇於革新，任用巫咸，治理國家，殷商國力才得以復興；宗周厲王暴虐，宣王在共和之後即位，也是變革祖宗舉措，廢除籍田，招撫流民，方有周室中興的幾十年大好局面。若依甘大夫所言，國家陳陳相因，天天抱著祖宗之舊法陳規做著春秋大夢，只怕商湯、文武所開創的王朝也不過曇花一現，豈能國祚綿延？」

「先生所言，也不能說沒有道理，但祖宗成例是國家根本，貴族共榮乃是秦國長期的傳統，變法圖強，我自無異議，但還是要明確貴族特權不能變，貴族共和執政體制不能變，如若不然，則國本動搖，國運危在旦夕，只怕不用魏國等敵國來攻，我們就已經自己敗亡了。」甘龍憂心忡忡地勸誡。

「甘大夫的看法，是一般俗人的淺見。俗人只知道因循守舊，膽小怕事，而智者能勇敢進取，創立制度。守成之心往往被時代之輪碾得支離破碎，等人家一日千里而自己只能長吁短歎，真是可笑之極！貴族執政，雖是祖宗成法，但不能拘泥，夏商周三代若非改弦更張，豈能推動朝代更替，齊桓、晉文若非在國內力排眾議，瓦解世卿世祿的舊制，大膽擢拔賢能，豈能稱霸天下，建功立業。」公孫鞅言語鏗鏘，針鋒相對，毫不讓步。

杜摯見甘龍一時語塞，上前幫忙辯解道：「先生所言變法，雖可能對大秦有某些好處，但變法牽涉眾多，造成的損害當然也有不少，如果沒有十足的好處，為什麼我們大秦要去變法呢？沒有足夠的利益，我們大秦為何要去擅自更動祖宗百年來確立的治國大計呢？」

公孫鞅哈哈大笑：「杜大夫做事畏首畏尾，真是深諳庸碌無為的做官之道。變法更化，自然難免有諸多不便，這如同治病，病入膏肓豈能怕麻煩而諱疾忌醫，變法對大秦豈能以好壞得失來簡單衡量。變法，大秦自然強大，大秦強大，自然大家都能過得好。杜大夫死抱著祖宗的舊典，渾渾噩噩混日子，大秦自然日漸衰亡，不管是貴族王親，還是尋常百姓，誰能有好日子過，只怕最後落得亡國的下場！」

「大膽，你豈能詛咒我大秦亡國？」杜摯臉色一陣紅、一陣白。

「先生變法，就不怕非議洶洶，貴族切齒，百姓冷嘲，這不是自己難為自己嗎？」甘龍憤憤地繼續詰問。

「我既修習刑名之學，為秦國強大，自當勤懇無私，夙夜籌畫，以報效秦公知遇之恩，如推行變法，自當勇於職事，粉身碎骨，何懼非議，豈會為幾句無知小民的不理解而動搖決心。」

甘龍、杜摯看公孫鞅慷慨激昂、義正詞嚴，都已是啞口無言。

一直沒有說話只是聆聽的秦公，此刻臉上露出了笑容，他端坐上位正色道：「今日朝堂之上，公孫先生與甘大夫、杜大夫為變法之事爭論，幫助我們這些人廓清了迷霧，變法已經是舉國共識，依照公孫先生的法家學說，在我大秦變法也是大勢所趨，今日就趁熱打鐵，我決定拜公孫先生為我大秦左庶長，一切變法事宜，悉由公孫先生全權定奪，諸位大臣，都要聽左庶長調遣！」

甘龍、杜摯還想爭辯，但見秦公主意已決，只得不再作聲。

立木取信

秦都櫟陽城的南門外，一陣秋風掃過，雖有幾許蕭瑟之意，但中午的太陽還有些灼熱。秋日下的廣場熙熙攘攘擠滿了百姓，大家都在議論著什麼。

「君上選的左庶長，就是那個眾人簇擁著的人吧。」一清瘦老者遙指著高臺上端坐正中的公孫鞅道。

「聽說這左庶長來自魏國，而且以前還是魏相的什麼中庶子。」有人小聲補充了一句。

「魏國與我們大秦有血海深仇，君上怎麼會這麼荒唐地重用這魏國人？」有一矮胖青年疑惑不解。

「聽聞君上對這公孫鞅信任有加，他要在我國推行變法，」老者和青年兩人身側一個中年婦女插了一句。

「變法？變什麼法，難道要讓老百姓換個別的活法，這談何容易？」

「是啊，這話誰信？要變，也得從他們貴族開始變，你們說說哪一次朝廷變法不是老百姓吃虧，讓他們這些當官的得利了。」提著籃子的中年女人道。

「自古哪裏不是尸位素餐者山珍海味，勤勞吃苦者吃糠咽菜？變法能天翻地覆，別癡心妄想了。」那清瘦老者無奈地安慰大夥。

「今日這左庶長，說要把大家召集起來，也不知道想幹什麼？」那矮胖青年人沒好氣道：「莊稼今年收成不好，日子難啊。」

「是啊，我鄰家的兒子前些日子和鄰里打架，被對方打斷了一隻胳膊，雙方親族正鬧騰的你死我活呢。」一個滿面愁容的大叔道。

「我孩子在河西與魏國打仗，聽他送來的書信說，這幾年我國在河西連吃敗仗，士氣低沉，這仗真是沒法打了。」

「不打仗回來又能幹啥？」清瘦的老者憂心忡忡道。

「現在村裏沒人願意種莊稼，都想去做買賣，買賣來錢快，或者去給貴族豪家當個差，也能混吃混喝。」一名中年男子鬱悶地嘆息道。

「活著就好，這年頭，活著不容易。」人群中傳來哀嘆之聲。

百姓們正在喧嘩間，只見南門的高臺之上，一名官長模樣的人首先走上前，伸手示意鼎沸的人群安靜下來。這官長清了清嗓子，朗聲道：「各位鄉親父老，今日我大秦左庶長公孫大人有一件重要的事情向大家宣佈，請大家安靜。」

嘈雜的人群瞬間沉寂下來，大家都翹首等待這位新的左庶長登臺。

公孫鞅攜著佩劍，器宇軒昂，他幾步走到高臺的正中位置，鎮定自若地正聲宣佈：「我大秦的各位鄉親父老，我公孫鞅是被君上新任命的左庶長，今日召集大家在櫟陽城南門，就是要告訴大家，我們秦國從今日開始，要正式推行變法了。」

「變法？」

「真要變法？」百姓又開始小聲嘀咕起來。

「我們秦人生活的不是好好的，幹嗎要變法啊？」

「變法，怎麼變？難道要晚上幹活，白天睡覺不成？」有百姓很不理解地揶揄。

「所謂變法，就是要讓我們秦人都能過上比現在要好的日子。」公孫鞅提高聲調，簡單直接道。

「我覺得現在挺好的，雖然辛苦些，但有吃有穿，白天耕作，晚上睡覺，沒什麼不好啊。」

「是啊，我們秦人又不是吃不飽飯，雖然河西之地被魏國攻佔了，但畢竟關中、雍城這些土地沒丟，大不了我們回到秦人起源的汧渭之地，繼續養馬，總不至於就活不下去吧。」人群中又開始眾說紛紜。

公孫鞅打斷了這些議論道：「我們秦人祖先雖以養馬而受封，但百餘年來披荊斬棘，才有這一方關中樂土，如今強敵魏國蠶食鯨吞，大秦河西之地喪失殆盡，朝廷貴族浮華而庸庸碌碌，大家勞苦而只得飢腸溫飽，我公孫鞅雖是衛人，卻願意從今日起，好好帶領大家，讓生活好起來，讓國家強起來。而要讓家國好起來，唯一的辦法，就是在秦國推行變法，就是改變過去不合時宜的老規矩、壞習慣，把好的，用大家都好的辦法、習慣來做事。我相信，不出幾年，我們大秦就不再受強鄰魏國的欺壓，我們還可以到魏國的首都大梁城去，用他們的財產、土地，讓百姓父老們吃飽穿暖。大家說，好不好？」

公孫鞅提高了聲音，他的這番話激情澎湃，很有搧動性。

「我們秦國百姓日子雖然苦些，但也可得衣食溫飽，如今河西領地盡喪，秦國被其他國家看不起，實在是我們秦人的奇恥大辱，如左庶長大人能有好辦法強秦，我們自然願意追隨大人。」百姓中忽然有人應了一聲。

「只是大人所說的變法怎麼變，這是個大問題。」有年高德劭的鄉老疑惑地插話。

公孫鞅道：「要大家改變舊習慣雖然困難重重，但只要朝廷強力推行，有百姓父老的一致擁戴，我們秦國就一定會強大起來，大家就都能過上好日子。」

「可是朝廷一向朝令夕改，沒有信義，百姓父老們誰敢把朝廷的話當真。」

「就是，前年河西之戰時，我兒子戰死沙場，說好的要給撫恤，可是到今天，這事兒還沒有準信兒呢。」一個滿頭白髮的老者發了一句牢騷。

「是啊，誰敢信啊，今年年初說要幫助我們農民種地，結果到收割莊稼的時候，根本沒有人來，村裏的精壯小夥誰也看不上種地這營生，都去倒騰貨物去了。朝廷說的比唱的好聽，但具體遇到事兒了，卻看不見朝廷的影子。」

「是啊，我女兒被一個貴族搶去做小妾，因為誓死不從，結果竟被活活打死，我去討個說法，官家說好要給我冤死的女兒一個交代，可三年了，還是沒有一個說法。」一個哀哀戚戚的中年婦女也在痛苦地陳述。

公孫鞅示意大家安靜，他自信滿滿地宣佈道：「這些都是以前的事，朝廷辦得不好是朝廷的錯，今天大家有冤屈的就把自己的冤屈陳述給我的屬下，我會讓他們一一記錄在案，合情合理的我會督促去辦，大家盡可放心。」

百姓們都似信非信地點頭。

公孫鞅繼續道：「我既擔任左庶長，自當保證每一件事情都認真辦理，凡是我的命令，必須執行。」

「好！」

「太好了！」下面有人讚歎道，不一會兒，稀稀拉拉的掌聲，逐漸變成了響亮、整齊、有力的歡呼了。

公孫鞅趁熱打鐵，指著高臺一側一橫長的木杆道：「各位父老，大家眼前看到的這根木杆，與我擔任左庶長之後，要頒佈的第一道政令有關！」

臺下眾多百姓尋聲望去，但見這木杆約三丈開外，通體被砍削得平整高大，正橫擱在高臺一側玄烏色的樑架之上。

「第一道政令？」在場的百姓都頗為不解。

「大秦要變法圖強，自然要讓百姓同心，尊信朝廷，各位父老，如有人願意將這根木杆從這個地方搬至櫟陽城北門的中央位置，我當場賞賜給他十兩黃金！」

「搬木頭！」

「十兩黃金？」人群中登時響起一片驚訝之聲，又是一陣窸窸窣窣的議論。

「這可不是小數目啊，至少頂我們家好幾年的收成呢。」有人低聲嘖嘖道。

「只要有人將這根木杆搬到北門，左庶長大人會當場賞賜他黃金十兩！」公孫鞅的侍從官長趙良補充了一遍。

百姓們似乎不敢相信自己的耳朵。

「這麼簡單的事，怎麼可能？」

「這麼高的獎賞，十兩黃金，不敢相信。」

「你試試，也許不是騙人的。」

「你咋不上去試，鬧不好就是哄我們玩的。」

百姓們雖然從竊竊私語變得有些大膽的喧囂，卻沒有一個人願意上前嘗試。

公孫鞅知道大夥的疑慮，他堅信重賞之下必有勇夫，於是他清了清嗓子，又高聲道：「如果有人將這根木杆搬遷到北門，不限時間，沒有其它條件，只要將這一根木杆搬到北門，當場賞賜五十兩黃金！」公孫鞅鄭重其事地宣佈。

「五十兩，五十兩！」

人群如同炸鍋一般沸騰起來：「這麼多，就搬個木頭！」

「這左庶長是不是……」

「我們君上怎麼找了個這樣荒唐的人搞變法？」大家議論紛紛，還是沒有人敢去搬這個木杆，但似乎有人想要上前一試。

「如果哪位當場將這木杆搬至北門，當場賞賜黃金五十兩，絕不食言！」公孫鞅充滿自信地再次宣佈了一遍。

「要不……我來試試。」人群中傳來一聲洪亮的嗓音，大家順著聲音尋去，只見說話的是個皮膚黝黑的青年，生得精壯，打扮普通，但臉上有一股憂愁之氣。

「這不是雨金鄉那個叫杜成的孩子嗎？」人群中不知誰撂了一句。

「他娘最近身體不好，家裏為治病花費不少，他可是個大孝子。」有人說了一句。

「杜成，你小心啊，別被他們騙了。」有人好心提醒。

杜成不以為意，在眾人的注視下，走出了人群，他先到公孫鞅面前行禮。

公孫鞅打量了這年輕人一眼，道：「你叫什麼名字，哪裏人氏？」

「小人叫杜成，櫟陽雨金鄉人。」杜成回答得不卑不亢。

「好，杜成，你面前的這根木杆，只需你搬至北門，就算大功告成。我絕不食言，五十兩賞金即刻給你。」公孫鞅邊說邊走下高臺，上前拍了拍杜成的肩膀，把他扶了起來。

「真是一齣好戲。」在臺子一側觀看的甘龍低聲道。

「我倒要看看這公孫鞅如何收場。」一側的杜摯也冷冷道。

「聽說吳起在楚國也玩過這把戲。」甘龍不屑地說。

杜成起身，一步一步，面色凝重地走到這木杆前，觀禮之人都凝神屏氣，看著他下一步的動作。

「左庶長大人說話可會算數？」杜成回過頭來衝公孫鞅問了一句。

「一言既出，決不食言！」公孫鞅斬釘截鐵地應道。

「好！」杜成叫了一句，他俯下身子，伸手將那根合抱粗的木杆抬起來，一使勁就順到了自己的右肩之上，起身用力，邁開了步子。

「這木杆真的搬得動，不是哄人的！」有人驚呼起來。

「看樣子也不是很沉。」有人好像明白什麼似的。

圍觀的人群小聲議論著，隨著杜成一步一步扛著木杆向前走，不少百姓也跟隨著杜成的腳步圍觀前行。

這木杆不算重，但從南門到北門，距離也不算短，時間久了，自然也有點費勁，走了一陣，杜成已然大汗淋漓，腳步吃重，跟隨的人群開始為他吶喊助威。

「小夥子，挺住！」

「杜成，挺住！快了，快了！」

杜成在身邊百姓父老的鼓勁聲中，堅持前行，向著終點前進。

公孫鞅跟隨著杜成與眾多湊熱鬧的百姓，看著這一張張的面孔，公孫鞅寬慰地笑了。

杜成終於把那根木杆搬到了北門中央，他擦了擦汗，顧不得喘氣，急忙向剛登上北門高臺的公孫鞅行禮。

公孫鞅大聲對圍攏過來的人群道：「今日杜成把木杆從櫟陽城的南門搬到北門，眾多父老都是見證，我決不食言，賞賜杜成黃金五十兩！」

百姓們一片歡呼！

「趙良，取那五十兩黃金過來。」公孫鞅衝侍從趙良揮手。

侍從趙良端著盤子，將早已準備好的五十兩黃金奉上，公孫鞅走到杜成面前，將這黃金遞給杜成。

「剛聽人言論，知你是個孝子，有了這五十兩黃金，拿去先給母親看病，其餘的置些家產，好好生活。」

杜成激動地雙手接過：「多謝左庶長大人。」杜成愁容滿面的臉上瞬間掛上了微笑。

公孫鞅伸手制止了圍觀百姓的喧嘩，他後退幾步又登上北門的高臺之上，朗聲道：「我大秦子民熱血男兒，都是鐵骨錚錚的好漢，我公孫鞅在此宣佈，變法伊始，自當立信天下，賞罰分明，凡為國有功者，不論貴賤，一律受賞，小功受小賞，大功受大賞，凡為國有害者，不論親疏，一律受罰。小罪小罰，犯大罪者大罰！」

百姓們都瞪大了眼睛，「公孫大人，你說的這可是真的？」

「我們普通人也可以得到賞賜，也可以做官了？」

「那些欺負人的貴族，犯罪也要被殺頭了！」

這消息似乎難以置信。

「不錯，變法要求賞罰分明，如同今日杜成聽朝廷的號令，就會得到賞賜一樣，只要大家齊心協力，好好致力農耕生產，必有重賞！」

「種地也有獎賞？這倒稀奇了，」有人小聲議論道。

「舉凡種地產量大，作戰勇敢，不論貧窮富貴，一律重賞。」公孫鞅朗聲宣佈。

「那我回去好好種地，希望今年有個好收成。」站在杜成身邊的一個年輕人熱血沸騰地說著。

「我先給母親治好病，就去從軍，到河西和魏軍打仗，給我們秦國把河西地奪回來。」杜成也興致高昂地搶話道。

「我要當兵！」圍觀的人群中不時響起熱血沸騰的叫喊聲。

「我們老年人不比青年人血氣方剛，就在家好好種地，讓左庶長大人放心。」那位清癯老者捋著鬍鬚充滿自信道。

「是，我們好好種地！」那矮胖的男子也攥緊了拳頭。

公孫鞅看著群情激昂的人群，不由地舒了口氣，一切都在他的掌握之中。

忽然身側有一個熟悉的聲音傳來：「真的是一齣好戲啊！」這聲音分明是讚歎中的一絲調侃，公孫鞅聽著聲音如此耳熟，扭頭一看，但見是神態祥和的老者，這老者不是在一邊看熱鬧的甘龍，也不是杜摯，而是自己的老師尸佼。

「老師，你怎麼來了？」公孫鞅急忙上前施禮。

「不是說好了，你到秦國，只要能扎住腳跟，我自然也會來助你一臂之力嗎？」尸佼微微笑道。

「真是太好了！」公孫鞅掩不住的興奮，「真是天助我也！」

「適才甘龍、杜摯也在一邊看熱鬧了？」公孫鞅問道。

「不錯，不過看到大人身邊洶湧的人群，他們臉色大變，已經悻悻地回去了。」趙良應道。

公孫鞅哈哈大笑，他一邊吩咐趙良儘快擬定變法條令，一邊挽起尸佼的手，指著熙熙攘攘的百姓，望著眼前氣勢雄偉的櫟陽城道：「老師，你說這裏過幾年，會不會大變樣，秦國真的是你教我的刑名之學最理想的施展之地嗎？」

尸佼語重心長道：「秦國雖僻處西陲，但也正是因為秦國一窮二白，才更能讓我們刑名之學的方子速見奇效。我聽說秦君對你甚為信任，如今命你為左庶長，正是你大展宏圖的好時機啊。你大膽去做事，踐行刑名之學，不正是老師畢生的心願嗎？」

公孫鞅看了眼老師，看著興高采烈的百姓，不禁堅定地點了點頭。

結怨太子

公元前三五六年，公孫鞅與尸佼、景監等人商議、草擬了諸多變法細節，上報秦公之後，就在全國正式推行。

這日朝堂之上，秦公仔細讀罷公孫鞅呈上的簡冊，問道：「左庶長，推行變法，奉行有功者顯榮，無功者雖富無所芬華的宗旨，我自無異議，只是為何變法的起始，要從頒佈連坐法開始，這法子是不是有點太嚴酷了？」

公孫鞅鄭重道：「我以為能領其國家的人，不可以須臾忘於法，因此法任而國治。明王治理天下，都要因法而治，從確立法治開始。」

「左庶長要將把秦國人民以五家為一單元編為一伍，十家編為一什，在什伍之上設里，再在里中設置里典，秦人散漫，只怕這辦法推行起來比較困難。」秦公不無憂心道。

「君上多慮了，我之所以從什伍編制開始，就是因為我們的變法要切合實際，我到秦國之後，認真走訪鄉里，先君獻公之時，已經開始推行戶籍相伍，老百姓已經習慣了，我們不過繼續沿襲舊制，這個什伍之法可以將原來在秦國處於無權地位的野人、奴隸編入「什伍」，打破西周國人、野人分別治理的局面，從而擴大君上的統治基礎，同時又可以實現軍事、賦稅、治安三合為一，有利於戰時征兵，更便於我們以後的賦稅徵收和治安監控，會讓君上的權威更加強大。」公孫鞅娓娓道來。

「嗯，有道理，可是這連坐卻不是先君獻公的法子，我怕百姓們……」秦公有點不放心。

「君上，舉凡變法，無不流血犧牲，如果百姓不積極舉報告奸，那國家將被奸邪所充塞，而我們只要鼓勵揭發檢舉奸人，那全國的奸邪之徒自然無可遁形，社會風氣當為之一新。至於一時非議，不過是目光短淺之人的牢騷，不用理會。」

秦公聽得仔細，登時明白，不由點頭贊同。

公孫鞅趁熱打鐵，「我們法家學說與儒家的那套仁愛的主張不同，我們法家認為只有對輕罪用重刑，民眾才能畏懼法律，這其實才是最大的德治。我將這個主張稱為：刑生力，力生強，強生威，威生德，德生於刑。因此，我們秦國的變法，在法律上一定要

『以刑去刑』、『以殺去殺』，以厚賞與重罰為突破口。」

「嗯，你在櫟陽城南門立木取信，就是厚賞，而重罰，就是要用這連坐法了。」秦公心領神會。

兩人正說話間，景監急匆匆地走了進來，臉色有些異常。

「景監，發生了什麼事？」秦公好奇問道。

「剛剛聽說，太子嬴駟的車右因為和人在大街上私鬥，把人給打死了，如今被櫟陽令關在監牢之中。」景監憂心忡忡道。

「私鬥？太子的車右？」秦公腦袋不由轟的一聲。

「不是剛剛頒佈的條令，不讓私鬥嗎？」氣得發抖的秦公拍了一下桌子。

公孫鞅心中也是一冷，這個節骨眼上，太子來湊什麼熱鬧！

「聽聞這車右喚作嬴回，是太子的玩伴，平日裏就有些囂張跋扈，因為路人撞到了太子的座駕，嬴回就抓住人家一頓暴打，不想下手不知輕重，就把人給打死了。」景監無可奈何地補充道。

「當時太子可在車駕之上？」公孫鞅很是細心。

「沒有。」景監答道

秦公聽了景監的這兩個字心中不免寬慰許多。

「君上向來對太子管教極嚴，斷不至於任由屬下胡作非為。」景監打了個圓場。

「只是這嬴回打死了路人，按照我朝禁止私鬥的新法，可能要斬立決，只是太子的人，該如何處理，特來向君上、左庶長求教。」景監也不避諱。

「這個……太子可知曉此事？」秦公略有些遲疑地問道。

「嬴回當街殺人，已經傳得沸沸揚揚，太子豈會不知？」公孫鞅插了一句。

景監看了眼秦公道：「太子並不在車上，嬴回此舉似乎與太子本人無關。」

秦公則看了公孫鞅一眼，「左庶長以為，此事如何處理為好？」

公孫鞅正色道：「我們如今剛剛推行以法治國，往往法令不能長期推行，都是因為上面的人不能以身作則。我制定的秦法主張刑無等級，自卿相、將軍以至大夫、庶人，有不從法令、犯國禁、亂上制者，一律罪死不赦。」

景監接話道：「左庶長的意思是要秉公處理，斬立決？」

公孫鞅點頭道：「太子車右仗勢欺人，當街私鬥，自然罪不可恕，太子雖不在當場，但也有約束不力，失察之責，還是要出來給百姓們一個說法。」

「給百姓一個說法？」秦公、景監不約而同地問道。

「讓太子發文謝罪，昭告全國，從而讓此事平穩過去，百姓情緒消弭。」

「太子發文謝罪，並昭告天下？」景監吃驚道。

「不錯，法之不行，自上犯之，唯有太子以身作則，才能讓我國新法推行得更加順暢，變法之事方可大成。」

秦公沉默良久，方道：「左庶長所言，孤以為可行，只是太子性格剛毅，如今要殺他的玩伴，只怕惹得他日後嫉恨。」

「太子嫉恨有何可懼，我懼怕的是以後我們擬定的新法令再沒人相信了，一旦新法令無人相信，如何收復河西失地，何談變法強秦？」公孫鞅擲地有聲。

「左庶長說的是。君上，不可對親貴有所畏懼，使人有所畏懼的應該是法令。」景監也受到了公孫鞅的感染。

秦公長出一口氣，起身凜然道：「左庶長，景大人說的是，車右嬴回藐視國法，致死人命，理應斬立決。太子疏於約束，失察之責，也應公之百姓，以期對貴族、百姓都是懲戒，尊奉新法，所有人都無例外！」

太子府中一陣喧鬧。府中大堂之上是一几案，案邊坐著三人，居中的是太子嬴駟，一旁的分別是太傅公子虔和太師公孫賈。

公子虔幽幽道：「太子殿下，嬴回十日後問斬，這打的可是太子的臉啊！」

坐在正中的嬴駟並沒有言語，只是用手倚靠几案，拄著額頭。

「是啊，這公孫鞅剛做了左庶長，就給太子難堪。」公孫賈也憤憤不平地幫腔。

「你們以為如何辦才好？」嬴駟緩過神來，平靜地問了一句。

「這還用說，直接去櫟陽令那裏把嬴回帶回來不就行了！」公孫賈氣急敗壞地給出主張。

「你怎麼總是這麼衝動，直接帶回嬴回，未免太狂妄了！如今公孫鞅擔任左庶長，受命推行新法，還是要給他點面子，我看不妨還是讓嬴回在牢裏再待些時日，只要保住性命，給櫟陽令、公孫鞅認個錯也無不可，此時不宜硬抗新法。」公子虔還是老謀深算。

嬴駟不緊不慢道：「這嬴回也太過份了，仗勢欺人，我本不想搭救他，念在他跟隨我多年的情份上，才決定施以援手。太傅所言不錯，既然他犯了罪，保住性命已屬萬幸，多住幾天牢獄，也是他罪有應得。」

「太子的意思，是讓嬴回在牢中吃點苦頭，再施以援手。」公孫賈明白了其中的奧妙。

「公孫鞅推行新法，也是為了秦國富強，以後還是要讓太子府的人知道點規矩，別讓人說閒話，別給人落下什麼把柄，到時不要怪我不願出手相救。」嬴駟無奈地叮囑道。

十天之後，秋水蕭瑟，渭河之畔寒風獵獵，只見公孫鞅指揮著一隊秦兵，將一排綁縛著雙手的囚犯押解到河畔。這一排囚犯哭爹喊娘，有的雙腿顫抖，有的在使勁兒掙扎，有的在低聲呻吟，當中忽有一聲叫　份外響亮：「公孫鞅，你小人得志，居然敢不告知太子，就對爺下手。」這扯著嗓子拚命掙扎的正是太子的車右嬴回。

「太子，你以為太子會救你？」公孫鞅輕蔑道：「嬴回，你當街殺人死罪，與人私鬥死罪，你罪大惡極，太子豈會救你。」

「今日我送你上路，就是要告訴大秦百姓，私鬥者死，仗勢欺人者也絕不寬恕。」

「公孫小兒，你就不怕太子為我報仇嗎？」嬴回被架到渭水河畔仍然罵罵咧咧。

「我有何懼？今日殺你，就是要昭告天下，不尊奉秦法者，我公孫鞅見一個殺一個，哪怕他王親貴族，也是嚴懲不貸！」

公孫鞅一揮手，行刑的劊子手將嬴回的頭死死按住，嬴回拚命掙扎，卻無濟於事。

「公孫小兒，老子死也絕不放過你！」嬴回絕望地叫嚷。

「行刑！」公孫鞅面無表情，義正詞嚴地下令。

隨著他一聲令下，渭水邊這一排囚犯被押解的劊子手手起刀落，只見血光飛濺，慘叫之聲不絕於耳，瞬間，渭水竟然被殷紅的血水染紅。

櫟陽令大氣也不敢出，小心翼翼地對公孫鞅道：「今日處決違反大秦新法，罪大惡極的死囚三十六人，已全部行刑完畢，請左庶長大人勘驗。」

公孫鞅面不改色地揮了揮手。

櫟陽令湊近壓低聲音道：「太子車右嬴回剛已被處決，這事要不要讓太子知曉？」

「不僅要讓太子知道，今日我就進宮督促君上，要太子儘快發佈昭告，向百姓謝罪認錯。」公孫鞅一板一眼道。

「是。」櫟陽令打了個哆嗦。

嬴回被殺的消息很快就傳到了太子府，太子府中立刻炸了鍋。

「公孫鞅欺人太甚！」太子嬴駟把手中持著的酒杯摔得粉碎。

「自從新法推行以來，這公孫鞅就一手遮天，眼裏只有君上和新政，根本沒把太子放在眼裏！」太傅公子虔恨恨道。

「這公孫鞅真是狂妄，這是要把我們斬盡殺絕啊。」公孫賈氣得連拍几案。

「嬴回已死，人死不能復生。」公子虔歎了口氣。

「公孫鞅一個客卿，如今竟權勢熏天，我本給他面子，他卻毫不給我面子，真是無恥至極！」嬴駟憤憤不平道。

「嬴回不能白死，我們一定要給公孫鞅一個下馬威！」公孫賈一拳狠狠砸在几案上。

「只是我們如何對付這公孫鞅，卻要好好想想。」公子虔慢吞吞地道。

「甘龍、杜摯等人因為公孫鞅新政，心裏憋著一肚子火，我們和他們聯起手來，一起扳倒公孫鞅。」公孫賈想到了一個好主意。

「其實變法不能說完全不好，只是公孫鞅這件事做得未免太不地道，太冷酷無情了。」嬴駟說了句話。

「他冷酷無情，也就別怪我們更冷酷無情！」

公孫賈接話道，「扳倒公孫鞅，可以由太子您主持新政，我們大家都完全擁護您的。」

公子虔順著公孫賈的意思道：「太子是國之儲君，主持新政，也是一種鍛煉，趕走公孫鞅，讓太子您主政，我大秦豈能不強！」

嬴駟沒有說話，只是陷入了內心的煎熬與思考之中。

耕戰強國

櫟陽城的街道上，熙熙攘攘的人群中，忽然傳來銅鑼的響聲。大家順著響聲看去，但見朝廷官吏在城角的牆上張貼告示，好奇的百姓們都擁了上來，一個略懂文字的百姓正在認真念道：

「斬一首者，爵一級，……官爵之遷，與斬首之功相稱也。凡我將士，於戰中斬敵一人者，賜爵一級；其欲為官者五十石，斬敵五甲首而隸五家。」

百姓們發出驚歎之聲，「這是啥意思？」一個老大娘模樣的人問道。

「這是說秦國的士兵打仗，只要英勇作戰，殺傷敵人，都有重賞。」一個年輕人幫她分析道。

「這麼說沈大娘他那當兵的兒子有官做了，沈大娘你不用愁以後的生活了。」

「聽說那小子打仗很猛，前段日子在河西還俘虜了幾名魏軍。」

「是啊，俘虜魏軍，肯定有重賞，你沒聽說那杜成搬了根木頭，左庶長就獎賞了五十兩黃金呢。」

「是啊，我當時就在現場，這左庶長還真是言出必行，說話算數。」一個年邁的老者道。

忽然人群中發出一聲興奮的叫聲。

「劉叔，怎麼是你？你怎麼來到秦國了？」

「阿良，你怎麼也到秦國了？」

叫劉叔的是一個一身塵土、滿臉滄桑的漢子，與他說話的則是一個厚實低矮的青年男人。

「你不是以前在衛國嗎，怎麼跑到我們秦國櫟陽了？」那青年人激動地拉著劉叔的手，禁不住地搖著。

「這不是你們秦國頒佈了墾草令，招徠流民，叫人開墾土地，還有很好的條件，我在衛國混不下去了，就到秦國來碰碰運氣，想著靠自己一身的力氣，多種些地，在秦國扎根了再續娶個媳婦。」劉叔滿臉憨厚地笑著。

「那太好了！不想我們十年不見，今日在櫟陽城重逢了。」那青年喜出望外。

「阿良，你怎麼也從楚國到秦國了？」劉叔也好奇地問了句。

「我和劉叔一個想法，聽說這秦國獎勵耕種，厚待流民，我也就千里迢迢跑來看看，希望能在這裏安居，剛到秦都還沒一個月呢」。

「劉叔你可是已經安排好了住處？」阿良好心問道。

「還沒有。你看看，我帶著三個孩子，孩子他娘死了好幾年了，剛到櫟陽城，就是希望先安定下來，緩緩身子，再好好耕種能分到的土地。」

「劉叔，你不知道，這秦國的左庶長推行變法，設置了里典，你到了櫟陽城，先要告知你具體居住地方的里典，讓他登記造冊。」阿良一邊愛撫著劉叔身邊孩子的頭，一邊給劉叔建議道。

「里典，我還不知道到哪裏找他呢。」劉叔憨笑著。

「沒事，我陪你去。」阿良一邊笑著，一邊帶著劉叔和孩子出了人群，向櫟陽城東門的里巷走去。幾個人正相互扶持走著，通衢的大街上，幾個兵士正押解著一群人緩緩迎面而來，為首的人犯衣著華麗、體態臃腫，但神色淒慘，後面跟隨的應該是他的妻子，還有幾個侍從模樣的人，都是富庶人家的打扮。

劉叔好奇道：「也不知道這幾個人犯了什麼罪？」

阿良指著為首的人犯道：「叔叔有所不知，這是我們櫟陽城的孫姓富商，作米糧販賣發家的。新的左庶長大人打擊商人，把不從事生產的流民、遊食者，連同妻子、兒子一起收入官府，罰作奴隸，這孫姓富商一家人就是因為不好好種地農耕，所以才落得這個下場。」

劉叔點點頭，一行人繞過大路，走進背巷，但見街道乾淨整潔，劉叔不由讚歎道：「秦國百姓果然不同於其他諸侯國百姓，一路行來，櫟陽城街道之上整潔肅目，好像專門整飭過一般。」

阿良解釋道：「自從左庶長推行新法，移風易俗，凡是丟棄雜物在大街道上的，就要被砍掉左手，所以大家沒有人敢亂扔亂丟雜物了。」

「什麼，要被砍掉左手？」劉叔聽得打了一個哆嗦。

「是啊，不帶嚇唬人的，前幾日還有個鄰里因為把家裏的爐灰倒在街道一角，被里典上報，結果真的讓官兵們抓去，把左手砍掉了！」阿良講述得很是驚心動魄。

「這律法未免太嚴酷了。」劉叔小心翼翼地感慨道。

「聽人說，左庶長認為只有嚴刑峻法，才能讓大家都好好種地，為國打仗。」

兩人正說話間，一個青年從角側的農舍跑了出來，臉上掛滿了淚痕。

「小武，你怎麼了？」阿良分明認識這名青年，不由好奇上前問詢。

「我爹讓我儘快搬家，趕緊娶媳婦。」小武憤憤道。

「那是好事啊，有什麼難過的？」阿良頗為不解。

「我還小，還不想搬出去住，爹不同意，讓我下個月必須搬出去。」

「你爹咋這麼著急？這麼想早點抱孫子？」阿良不以為然。

「不是。聽爹說，今早里典來說，朝廷下令，凡是家裏有兩個男丁的，必須在一個月內完成分家，不然的話，要加重田租，我們家本來就窮，孩子多，我爹說了，讓我哥和我必須儘快搬出去，要儘快娶媳婦生孩子，說朝廷告示，如果能多生孩子，早生孩子，都會有重賞。」小武言辭間甚為沉重而無奈。

「你哥和你都還不大，獨立出去，怎麼生活啊？」阿良好心問了句。

「我哥說了，左庶長大人正在建立秦國的銳士，擢拔英勇善戰的士兵，我哥想去試試。」小武解釋道。

「那你呢？」

「我哥說了，他去當兵打仗，我就在家照顧父母，這任務就交給我了，可現在我也要分家獨住，又誰來照顧我父母呢？」小武說得份外傷感。

小武、阿良、劉叔一家在里巷正自閒談，忽然聽得大街上又是一陣騷動，有人高聲喊話：「左庶長大人車駕路過，左庶長大人車駕路過！」

幾人急忙轉身。「去看看。」阿良一行人向正街的高臺處跑去，只見大街上四面聚攏的人群漸漸把街道兩邊擠滿了，不一會兒，一隊車馬緩緩而來，只見公孫鞅的座駕前後分別有五駕護衛車馬，每輛車馬上面都站著頂盔貫甲的英武衛士，這些衛士身強力壯，持矛操戟，一個個嚴陣以待，在車隊中間座駕上的公孫鞅昂首挺胸而立。

百姓們看見左庶長，紛紛行禮。公孫鞅停下車駕，衝人群揮手道：「諸位父老鄉親，不必拘禮。我此次路過這裏，只是想問問大家，為什麼秦人被諸侯列強認為是蠻族野人？」

百姓們都不言語，公孫鞅自問自答道：「戎翟之教，父子無別，同室而居，因此我們被中原諸侯輕視，我變法改制，就是要移風易俗，改變秦國的蠻人氣象，從現在開始，秦國富足的人家，孩子們都要獨立出來組建新家，家裏貧窮些的，孩子們也要積極入贅，以後大家辦事，沒有後門可走了，要相信朝廷一切問題都會秉公處理。」

公孫鞅忽然指著人群中背著行囊的劉叔道：「這位老者，是從哪國來到我們大秦的啊？」

「衛國。」劉叔一愣，小心翼翼地回答道。

「原來是來自我的母國啊。」公孫鞅點了點頭，衝人山人海的百姓道：「我大秦國地廣人稀，歡迎諸侯國的百姓能像這位老者這樣不遠千里來到我秦國，人眾兵強，乃是強秦的根本。」

公孫鞅頓了頓，繼續道：「歡迎大家來到國都櫟陽的同時，也歡迎更多的百姓到我國廣闊的西部去謀生，只要大家舉家遷徙，好好耕種，我們將把田地分給大家，只要大家用心生產，男耕女織，誰耕種的土地多，誰就擁有這土地，任何人，包括貴族也不得侵犯。我在此宣佈，將對這些移民在住房上給予優待，儘量幫助百姓的子孫能夠在那裏安居樂業。我公孫鞅立誓，要讓秦國的百姓們都安居樂業！」

「好！好！」圍觀的百姓不由歡聲雷動。

劉叔和小武、阿良一邊鼓掌一邊露出了開心的笑容。

「這下我們老百姓的日子好過了。」阿良興奮地擺著手說。

「是啊，我會寫信給在趙國的二弟，讓他們也早點到秦國來生活，只要肯幹能吃苦，就有土地，就有住房。」劉叔一副幸福的模樣。

「小武，你也別傷心了，只要肯吃苦，好好種地，離開了父母照樣可以活出個人樣。」阿良拍了拍小武的肩膀。

「嗯，就是，左庶長大人說了，只要我好好耕種，就能安居樂業。」小武揉了揉發紅的眼睛，也認真地說。

公孫鞅在秦國致力變法，頒佈了許多新的制度法令，讓秦國日漸富庶強大。四年之後，秦公升公孫鞅為大良造，這是當時秦國的最高官職。

遷都咸陽

櫟陽城大良造府邸，尸佼急匆匆走了進來。

「今日老師怎麼看起來氣色不好？」公孫鞅抬頭看了一眼尸佼，又低頭繼續觀看几案上展開的秦國地圖。

「你倒是氣定神閒，難道沒聽到太子府的一干人等對你的變法一直冷嘲熱諷？」尸佼坐下來喝了口水道。

「老師曾教我疑行無名，疑事無功。變法本就是流血、要命的事，幾個小人的風言風語管它作甚？」公孫鞅直起了身子，鎮定自若。

「如果只是冷嘲熱諷，雖然刺耳，權當是蒼蠅嗡嗡，只是最近聽說他們幾個人走動頻繁，似乎是要下手對付你。」尸佼不無憂心叮囑道。

「幾個失意的舊貴族，翻不起什麼風浪。」公孫鞅自信地擺擺手。

「老師，你來看，我已上奏君上，準備在全國廢黜封邑，推行縣制。」公孫鞅的眼睛完全離開了地圖，從几案一側拿起一部簡冊遞給尸佼。

「先獻公之時已經開始在我國設縣，只是沒有普遍推行，我計畫把全國各地，特別是秦國腹地原來分散的許多鄉、邑聚合而為縣，將全國的所有土地與人民都分別納入『縣』之中，更要在縣設縣令、縣丞、縣尉。縣令作為一縣之長，縣丞掌管民政，縣尉掌管軍事，從今往後，這三個縣上的長官人選皆由君上直接任命，對君上負責。」公孫鞅對拿著簡冊觀看的尸佼解釋道。

「你這是要拿佔據封邑的宗室開刀啊。」尸佼一邊仔細看簡冊一邊給出了自己的判斷。

「不錯，秦國的衰弱，在於宗室特權太大，我們變法，宗室非有軍功，不得論屬籍，但只要封邑存在，他們就是百足之蟲死而不僵，只有廢除了封邑，才能從根本上解決問題。」公孫鞅胸有成竹道。

「我計畫將秦國分為三十一縣，配置定額俸祿的小吏，這些人朝廷都可以直接任免，不能像宗周時代封邑那般世襲，只有這樣，才能民不勞、徵不煩、業不敗、草必墾。」公孫鞅在几案邊立定，手在地圖上指指點點，像是自言自語，又像是給尸佼解釋。

「嗯，這個辦法好！這樣就能把全國政權、兵權集於朝廷，便於君上鞏固權力。」尸佼畢竟是個聰明人。

「老師認同就好。」公孫鞅微微笑著。

「只是……」尸佼有些猶豫。

「老師擔心什麼？」

「你廢井田，開阡陌，廢封邑，設縣制，比前些年開展的建立軍功爵制、墾草、徠民，要得罪更多的宗室，你這是把自己置於驚濤駭浪之中。」尸佼憂慮道。

「老師你怎麼變得如此小心翼翼了。舉凡變法，哪有個人榮辱可言，既已經在秦國施展所學，我必竭盡全力，而且君上這幾年對我甚為信任，只要君上不動搖，幾個宵小之輩，翻不起什麼大浪。」公孫鞅安慰尸佼。

「可能是我老了，膽子反倒小了。」尸佼無奈地點了點頭。

「那我明日就與趙良安排廢封邑、設縣的具體事宜。」尸佼頓了頓，「而你近日還是要多加小心。」

「這個不急，老師，你來看。」公孫鞅哈哈大笑，他打開地圖，指著地圖上渭河之北一大片土地道：「老師，你覺得這塊土地如何？」

尸佼仔細看了看，這土地身處關中腹地，在渭水之北，九嵏山之南，是一處沃土。

「你的意思是要另建秦都？」尸佼驚得目瞪口呆。

「不錯，既然櫟陽城舊貴族勢力根深柢固，莫如我們找個新地方，好好幹一場！」

幾日後，櫟陽城大殿，秦公坐在中間上座，公孫鞅、景監、甘龍、杜摯、公孫賈、公子虔等隨侍在側。

只聽杜摯氣急敗壞道：「大良造遷都的提議，實在是荒謬至極！」

「秦都櫟陽，乃是先獻公之時剛剛舉國到此，以示收復我河西失地的決心，距今不過三十餘年，而且櫟陽北依荊山，南眺渭水，是北卻戎狄、東通三晉的便利之地，又商業繁榮。建都在此，乃是獻公遺命，豈能捨之不用，大良造的提議乃數典忘祖！斷不可行！」甘龍氣得直哆嗦。

「君上可記得先公十八年，有黃金的石頭隨雨而落櫟陽，乃是祥瑞，因此先公特此賜名雨金。」

公子虔引經據典道：「天降祥瑞，正是櫟陽乃王者之城，豈能因大良造一時武斷而放棄國本。」

「是啊，遷都乃是動搖國本，萬萬不可！」公孫賈也跳將出來。

坐在上座的秦公沉默不語。

「諸位大人的意見，都是抱殘守缺。」景監首先反擊道。

「櫟陽之地雖在河西，獻公期望收復河西之地而遷都於此，但過於靠近魏國邊防，如今魏國國力正盛，兩國交兵，往往讓我們國都處於危險之中。況且咸亨、陽里之地又是宗周故土、富饒之所，遷都乃是我秦國變法大勢所趨。」

景監聲音洪亮，言語鏗鏘，明顯與甘龍等人針鋒相對。

公孫鞅定了定心神，接著景監的話說道：「景大人所言不錯。櫟陽雖好，但長陷入軍旅憂患，渭陽扼渭水之渡，地勢平坦，北有九嵏山，更是易守難攻，更重要的是我們大秦以農立國，渭陽之地乃宗周故土，土地肥沃，遷都於此，正可以大興農耕，富國強兵。此地是據天下之上游、制天下之命的要害所在，建都於此，也好展現我大秦崛起的嶄新氣魄！」公孫鞅言辭充沛，條理清晰。

「大良造力主遷都的真實想法，是怕我等在櫟陽城抵制你的新法吧。」杜摯沒好氣地反唇相識。

「怕？為大秦變法圖強，我從來不懼生死，豈會畏懼宵小的暴雨狂瀾？」公孫鞅輕蔑道：「我大秦舊都雍城距離中原較遠，乃我西部老區，方便控制隴西、巴蜀兩個方向，是溝通西北、西南兩大領土的樞紐，但離中原稍遠。現在的國都櫟陽距離中原較近，是我東部新區，雖然方便溝通中原三晉與北方狄胡，但無法與西北、西南保持直通。秦與強楚貿易多走武關一線，而從大秦東南的商地進入關中後必經我今日選定的這新都。況且，從北部南下的人力、物力也可以通過我選定的新址，轉向櫟陽、雍城、武關三個方向。」

公孫鞅侃侃而談，他掃了一眼這幾個朝中重臣，正色道：「我負責變法事宜，致力於大秦國富民強，希望萬眾一心，如今選定的國都新址，可謂東西兼顧，執其兩端，最為合適不過！」

「公孫鞅，你……」杜摯話說了一半。

「大良造，你選定的新址是廣袤的平原，位於九嵕山之南、渭河之北，古來山南水北為陽，為光明之地。的確煞費苦心。」秦公一字一句道。

「這國都新址可定好了名號？」秦公開口，喧嚷的廷堂頓時安靜了下來。

「暫時還沒有，就請君上賜名。」公孫鞅反應機敏。

「山南水北，俱為陽，咸亨、陽里都是在這裏設置的鄉里，孤覺得不如將兩個里名各取一字，又切合俱為陽之意，命之咸陽！」秦公一言九鼎。

「咸陽？」

「咸陽！」

群臣都在心中念叨這兩個字。

「咸陽，都是光明溫暖的地方，我大秦乃太陽子孫，此名真是好到無以復加！」公孫鞅不禁擊掌讚歎道。

「秦新都咸陽，築冀闕宮廷，諸位不要再爭執了，孤心意已決，遷都大計，即刻實行！」秦公不容置疑地下了結論。

周顯王十九年（秦孝公十二年；前三五〇年），秦國在公孫鞅的主持下遷都咸陽，繼續深入推行變法改制，秦國的面貌為之煥然一新。

山雨欲來

周顯王二十三年（秦孝公十六年；前三四六年），富麗堂皇的咸陽城大良造府邸這晚大雨如注，雷聲隆隆，侍從趙良急匆匆進得屋子，卸掉避雨的雨衣，神色緊張。

公孫鞅從疲憊中驚醒問道：「趙良，發生了什麼事情？」

「祝懽在自己的封邑起兵造反，聽說打出的旗號是清君側，這明顯是針對大人你來的。」

「祝懽？」公孫鞅一愣，「他不是太子的心腹嗎，他居然敢造反？」

趙良歎了口氣：「大人把這些宗室逼迫得太急，這些年一直在削弱他們的權力。這祝懽被尸佼大人派去的新縣令欺辱，一時氣憤不過，就殺了縣令，擁兵造反，並上書君上，檄文上說要君上當機立斷，誅殺禍國殃民的大良造。」

「真是膽大包天！」公孫鞅不屑一顧。

「你通知尸佼，讓他派兵鎮壓。抓住這逆賊，梟首族滅，絕不寬恕。」

「諾。」趙良應了一聲，卻並沒有轉身離開。

「趙良，天很晚了，還有什麼事嗎？」公孫鞅察覺出趙良的異樣，不禁問道。

「聽聞公子虔、公孫賈近些日子和這祝懽來往甚密，尸佼大人擔心此事牽連到太子。」趙良小心地問了一句，恰有一道閃電畫過夜空。

「太子？」公孫鞅走到窗前，但見外面的大雨還沒有停歇的跡象，電閃雷鳴之中，陣陣寒氣襲來。「變法的頭一年，太子的車右嬴回私鬥殺人，被我明正典刑，我想太子是個聰明人，不會不知道輕重。」

「大人還是要謹慎為好。」趙良的聲音被淹沒在嘩嘩的雷雨聲中。

「通知尸佼，迅速平定叛亂，如有祝懽與公子虔、公孫賈陰謀勾結的證據，立即送達給我。」公孫鞅臉色凝重地下令。

趙良諾了一聲，這次方才退了出去。

一個月後，祝懽之亂被完全平定，尸佼在趙良陪同下來到大良造府邸見公孫鞅，捧上一個盒子。

「這是什麼?」公孫鞅問道。

「公孫賈、公子虔煽動祝懽造反,要誅殺大人的往來密函。」

公孫鞅起身將這盒子打開,一一拿出打開核實,真是證據確鑿,字字驚心。公孫鞅的臉色微變,隨即又冷靜下來。「趙良,你速帶領一隊我府上銳士,去太子府抓捕公子虔、公孫賈,務必將他們捉拿。」

「大人,到太子府抓人,如果太子阻攔……」趙良吃了一驚,猶豫道。

「太子大,還是國法大?你只管奉命行事,抓人即可。」公孫鞅厲聲道。

趙良愣了片刻,示意一邊站立的尸佼勸解幾句。

「大人,上次因嬴回事件我們已經得罪了太子,如今又要去找太子府抓人,未免太過魯莽。」

尸佼阻攔道。

「老師謹小慎微,如何厲行變法?」公孫鞅振振有詞。

「你教我刑名之學,法為治國大本,豈能兒戲?公孫賈、公子虔預謀造反,必須明正典刑！」

公孫鞅怒氣騰騰。「即使與太子鬧翻，我粉身碎骨，也要讓惡人被懲治，新法必須在秦國堅持推行！」

「我是覺得我們可以誘捕公子虔、公孫賈，而不要明目張膽地與太子對抗。」尸佼道。

「老師有什麼好辦法？」公孫鞅好奇起來。

「暫時還沒有。」尸佼面無表情。

「既然沒有好辦法，那就直接抓人，逮捕首惡，刻不容緩。」公孫鞅道。

趙良沉默一陣，諾了一聲走出屋子。

尸佼話到嘴邊也只得收了回去。

公子虔、公孫賈被趙良帶的銳士強行從太子府帶走之時，太子氣得臉色慘白，卻也無可奈何。

等稍安定了心神，嬴駟急忙進宮請求面見君上，被宮中侍從急匆匆帶到寢宮，見到秦公迅速稽首行禮後，嬴駟禁不住大哭。

「父親，這公孫鞅欺人太甚，居然派部屬趙良帶領軍士到我府中，強行抓走公子虔與公孫賈，這是公然藐視宗室，無法無天了！」

秦公聞聽此言，心中也是大震，待片刻冷靜下來，問道：「大良造逮捕公子虔、公孫賈，這是為何？」

「大良造造謠說公子虔、公孫賈與祝懽沆瀣一氣，參與了反叛的陰謀。」

「陰謀……」秦公看著自己的兒子，心中大致明白一二。「這件事我自然會調查清楚，公子虔、公孫賈雖是你的老師，但如果真是參與了大逆不道之事，也是罪不可恕，我絕不會法外開恩！」秦公怒道。

「父親，你就如此信任公孫鞅？任由他為所欲為。」嬴駟賭氣道。

「駟兒，大良造主持變法這些年，秦國的富庶強大有目共睹，你不會因為在太子府，閉目塞聽，乃至對大良造的功業充耳不聞吧。」這句話明顯有責備嬴駟之意。

「兒臣不敢，我也看到大良造這幾年為我大秦夙興夜寐，但公子虔、公孫賈斷不會參與謀反，這個我敢以人頭擔保。」嬴駟說得綿裏藏針。

「人頭擔保？胡鬧，堂堂太子，豈能意氣用事！還不退下！」秦公氣得拍了几案。

嬴駟見父親生氣，只得止住了言語，悻悻退下。

公孫鞅得到太子到秦公面前告狀的消息，很快就來覲見秦公，秦公還沒從太子的一番折騰中緩過神來，見公孫鞅進來，扶著左額道：「大良造，來找孤有什麼緊要事情嗎？」

「君上，這是從祝懽處發現的公子虔、公孫賈參與密謀反叛的鐵證，請君上過目。」公孫鞅少了客套，直接將那個盒子遞給秦公。

秦公打開觀瞧，愈看臉色愈是難看，看得出來，秦公內心也在翻江倒海。

「公子虔、公孫賈鼓動太子要扳倒大良造，糊塗至此，實在是……」秦公咬咬牙，狠狠攥緊拳頭，不知說什麼好了。

「君上，朝廷重臣策動謀反，按大秦律法，必須嚴加懲處。」公孫鞅道。

秦公倒吸一口涼氣，「你是說太子、公孫賈、公子虔都要……」他說不下去了。

「是，國法如山，刑無等級，我制定的秦法，君上下令頒行，其中核心就是自卿相、將軍以至大夫、庶人，有不從王令、犯國禁、亂上制者，罪死不赦。」公孫鞅面無表情。

「只是太子……」秦公黯然道，「他畢竟是孤百年之後的繼承人。」

「太子雖受蠱惑，但並無謀叛的實際行動，只需將太子身邊的部屬問罪，對太子嚴加管束，君上不必憂心。」公孫鞅解釋道。

「太子的部屬？」

「像公子虔、公孫賈這等重臣，我一直讓他們悉心教導太子長大成人，不想他們竟然蠅營狗苟，利慾薰心。」秦公也是痛心疾首。

「既然君上無有異議，我對公子虔、公孫賈自會秉公執法。」公孫鞅認真道。

「你要如何處理？」秦公猶豫了一下，還是問了一句。

「按照大秦律法，祝懽造反已被問斬，公子虔、公孫賈煽動造反，密謀誅殺朝廷大臣，雖非首惡，也是大罪，應受劓刑、黥刑之罰。」

「劓刑、黥刑！」秦公腦袋轟的一聲。

「治國當重賞重罰，君上記得當年立木取信的事情吧？」

「當年你在櫟陽城南門的傑作，我豈會忘記。」

「這是重賞，我在渭水誅殺囚犯，贏回授首，那是重罰。」公孫鞅步步緊逼。

「這些年秦國在你主持變法之後，的確變得日漸強大了。看來我一直沒有用錯人。」回想起櫟陽城君臣同心變法的往事，秦公有些欣慰道。

「公子虔和公孫賈的事，你一如秦法去處理，出了事，我為你抵擋風暴。」秦公想到秦法，不由收回了剛才的惻隱之心。

「這都仰仗君上的堅定支援，我才可以放開手腳，大膽推進。君長如青山，我自永為松柏。」公孫鞅也有些激動。

秦公點點頭，公孫鞅心中的暖流也在激蕩之中。

數日之後的咸陽城傳來一聲驚雷。太傅公子虔、太師公孫賈因違反秦法皆被處以酷刑，公子虔被挖掉了鼻子，公孫賈被施以臉上刺字的墨刑。

太子嬴駟被嚴加管束，暫時不准參與國政。

聽到這消息的咸陽百姓，都議論紛紛。

「這公孫鞅真的是執法嚴明，一視同仁。」

「這公孫鞅真的是天不怕，地不怕，這不是與太子決裂的架勢嘛。」

「別看他今日蹦得歡，小心以後被報復啊。」

一時間，滿城都是風雨之聲。

這件事之後，百姓們從此更加尊奉秦國的新法了。公孫鞅的新法在秦國已經推行十餘年，前六年在櫟陽城，遷都到咸陽之後，秦民從開始的不習慣變得日益順從，秦國更出現了道不拾遺、山無盜賊的治安改善局面。百姓家中富足，戰士勇於為國家效力，整個秦國脫胎換骨一般，逐漸實現了富強。

智取河西

公孫鞅躊躇滿志地站在咸陽城宣政殿的高階之上，看著宮殿前高聳的冀闕上張佈的法令，眾多官員在下面一字一句地抄錄，不遠處的尸佼、景監正向他這邊走來。

景監面帶春風，邊走邊笑道：「大良造，好消息，好消息，魏軍在與齊軍的馬陵大戰中慘敗，十萬精銳全軍覆沒，主將龐涓自殺，太子申也被齊軍俘虜！」

「更重要的是，剛得到消息，獲得大勝的齊王計畫聯合宋國繼續攻魏，齊國也已派使者到達咸陽，意圖讓我大秦與齊、宋兩國聯合攻魏。」尸佼補充道。

「這齊王真是得寸進尺啊！」公孫鞅迅速走下高階，與景監、尸佼會合。「魏王放走孫臏，如今怕是要悔破了肚腸。」

「十三年前的桂陵之戰，孫臏用圍魏救趙之策大敗龐涓，這次又玩了個減灶增兵，龐涓怎麼會如此蠢笨，就輕易上當，還丟了身家性命？」景監不解。

「這龐涓並非庸碌之輩，是個將才，卻兩次敗於孫臏，只怕是過於驕傲貪功，孫臏將兵不厭詐的兵家思維玩得爐火純青，這兩次大敗魏軍，諸侯戰略格局可要發生大改變了。」公孫鞅沉吟道。

「大人的意思是，諸侯間的力量對比發生變化，齊國崛起，魏國衰落了？」景監似乎也看出一點門道。

「不錯，景大人說得不錯。」尸佼插話道，「列強紛爭，瞬息萬變。唯有繼續韜光養晦，變法圖強，才能站穩腳跟。」

不想公孫鞅搖了搖頭，「韜光養晦雖然重要，但遇到時機，我們也要斷然出手。」

「斷然出手？大良造的意思是……」景監愣住了。

「你們隨我進宮面見君上，商量一下如何回覆齊國使者。」

景監、尸佼隨著公孫鞅不敢耽擱，急忙前去面見秦公。

殿中的秦公正伏在几案前看諸侯國的形勢地圖，見他們三人一起到來，似乎已在意料之中。

秦公先招呼道：「大良造，景監，尸佼先生一同前來，是有什麼大事要與孤商量？」

公孫鞅與尸佼看了眼景監，示意他先陳述事情。

景監也不客氣，直衝衝道：「君上，聽聞齊國的使者已經來到館舍，君上尚未召見齊使，不知君上有什麼打算？」

秦公一愣，笑道：「你們以為孤有什麼想法？」

「看這几案前放置的輿圖，君上是認為我們大秦收復河西的時機到了！」公孫鞅胸有成竹地猜測。

「收復河西？」景監嚇了一跳。

「難道景大人不認為，魏國敗於齊國，正是我大秦銳士收復河西百年失地的千載良機嗎？」公孫鞅說得似漫不經心又頗為肯定。

秦公哈哈大笑。「大良造的想法與孤完全一致！」

秦公與三人一並走到几案上的輿圖前，秦公指著秦魏之間廣袤的河西之地道：「河西之地，乃是我秦人故土，自魏文侯、武侯時代，被魏將吳起侵奪去大片土地，孤自即位以來，深以為恥辱，但囿於國力衰微，不敢與強魏一戰。如今魏國在馬陵之戰慘敗，精銳盡喪，齊國又與宋國從東面繼續進擊，魏國東線作戰正處於焦頭爛額之際，豈不正是我大秦收復河西，告慰列祖列宗的大好時機？」

景監聽得入神，讚歎道：「君上果然英武睿智！」

公孫鞅見秦公已有與魏開戰之意，自然是心中欣喜，於是補充道：「兩年前，我軍已奪取武城，在魏國的河西戰線打入了楔子，與魏國百年的河西爭奪，已到了我軍全面反攻的時候了。」

「只是魏國強大，雖兵敗馬陵，但依然實力雄厚，我軍一旦開戰，只怕陷入與魏國的長期消耗之中。」景監不無憂慮道。

「景大人此言差矣！」公孫鞅指著輿圖上的秦魏形勢圖道：「魏國對秦國而言，並非肘腋之患，而是心腹大疾，如果不是秦國徹底擊敗魏國，就將是魏國兼併秦國，秦魏之間，是你死我活的生死之戰。」

「生死之戰？大良造未免誇大其詞了！」景監不以為然。

「並非誇大其詞。」公孫鞅聲音提高了許多，「魏國地處中原，與秦以黃河為界，而這百年來獨擅山東之利，向西發展就來攻打我國，向東進取則稱霸中原，魏王因此一直是列強中的首霸雄主。如今我大秦因君上英武，勵志變法而國勢日強，魏國霸業這十餘年被齊國撼動，桂陵、馬陵兩次大戰，昔日吳起練就的魏國精銳武卒損失殆盡，其他諸侯與魏王也是日漸離心。我們秦軍趁此千載良機進佔河西，魏國必然退縮，河西之地乃秦霸業之根基，等奪回河西，我大秦佔據河山之固，向東可以逐鹿中原，這正是君上千秋霸業，最終天下一統的開始啊。」

秦公聽得入神，讚道：「聽大良造說這天下大格局，真的是如醍醐灌頂一般。」

尸佼道：「不錯，大良造所言極是，與魏河西決戰，乃因變法而強大起來的秦國逐鹿中原的首戰，此戰只許成功，不許失敗！」

「好！」秦公拍案道。

「大良造，今日你所言，甚合孤心。我今命你為伐魏主帥，由你統軍進佔河西！」秦公毫不含糊，趁熱打鐵。

「諾！微臣一定拿下河西，為君上、大秦一雪百年恥辱！」公孫鞅也當仁不讓。

河西之地，一馬平川，公孫鞅率領浩浩蕩蕩的秦軍從咸陽開拔，一路風餐露宿，不幾日就到達武城（今陝西華縣東），與魏國河西大軍相持對峙。

大軍安營紮寨，一切準備停當。

尸佼、趙良走入公孫鞅軍帳，公孫鞅一身鎧甲，正在軍帳的座位上閉目沉思。

「我已遵照安排，派遣使者與趙國、齊國歃血為盟，趙肅侯、齊威王已派遣大軍，與我軍約定共同行動。」尸佼稟報。

「我按照大人吩咐，已查探明白，與我軍對峙的魏軍主帥是公子卬。」

「公子卬？」公孫鞅忽然睜開了眼睛，「是誰？」

他臉上浮現出一絲不易察覺的表情。

「魏國公子卬。」趙良重複了一遍。

公孫鞅和尸佼不由交換了眼色。

「這是我在魏國公叔痤幕府之時的故人啊！」公孫鞅長吁了一聲，「不想今日在戰場相見。」

「如今兩軍對峙，大人有什麼良策破敵？」尸佼關切地問了一句。

公孫鞅起身，在軍帳中來回踱步，尸佼和趙良也不敢出聲，良久，公孫鞅道：「魏軍敗於馬陵，乃在於孫臏減灶增兵的誘敵深入，兵不厭詐，我如今想到一計，比之孫臏，當也不遜。」

「什麼計策？」尸佼、趙良都很好奇。

「天機不可洩露。」公孫鞅故弄玄虛道：「趙良，你修書一封，邀請三日之後與魏帥公子卬在武城清溪河畔相會，以敘故人之情。」

「清溪河相會，以敘舊情？」趙良不解道。

「不錯，先與敵人的主帥見見面、敘敘舊再說。」公孫鞅自信道：「我大秦國力已經今非昔比，不日即可收復河西。你們安心就是。」

趙良於是為公孫鞅代寫書函，用箭射入魏軍營寨，很快送至公子卬軍帳之中，公子卬展開觀瞧，但見書道：「昔日在魏國，你我故人同遊，今你我分別是兩國的主將，兵戈相見，將士流血，實在於心不忍，不如我們兩位故人各帶三名侍從在清溪河一會，看能不能共同定個盟約，為秦魏相好，罷兵息戰。」

公子卬看罷不由心中溫暖，對身邊的部將道：「不想與我們交手的秦軍主帥就是昔日故人公孫鞅。」

「雖是故人，如今卻是敵軍主帥。兩軍交戰，各為其主，大帥不可意氣用事。」部將勸道。

「他約我三日後在清溪河一會。」公子卬放下書信，嘆了口氣。

「大人以身犯險，只為與故人一見，置七萬將士、國家榮辱於不顧？」部將急道。

「你們不用緊張，公孫鞅在先相國公叔痤座下，曾擔任中庶子，也是一個重信之人，清溪之會，只是私人行為，我去去就回，不必擔心。」公子卬不以為然。

「大帥，此事非同小可……」

公子卬擺手，「你們不必勸了，我自有主意。」

三日之後，清溪河畔，公孫鞅早已安排了酒席，公子卬只帶了三名隨從，如約而至。公孫鞅也按照約定一行只有四人，在清溪河畔的席前迎接。

伴隨駿馬嘶鳴之聲，公子卬果然到來，公孫鞅不由大喜過望，急忙上前對公子卬拱手道：「十五年光陰，白駒過隙，不想今日，會與卬兄在軍前相會。」

公子卬看公孫鞅青衣素簡，神色怡然，只是比之往昔成熟許多，也不禁感慨：「公叔痤府中一別，真是恍如隔世。」

兩人坐定，先共飲水酒，秋風徐來，頗為蕭瑟，酒水入肚，百般滋味。

公子卬首先道：「與公孫兄魏國一別，不想在秦國竟幹出了一番偉業，如今已經是秦國的大良造了，實在是世事無常，令人讚歎！」

公孫鞅笑著擺擺手，道：「兄莫笑我，昔日在公叔痤恩師座下，與兄多有同遊，當時兄雖然貴為公子，卻尚未掌握軍機，如今也得魏王重用，聽聞兄這幾年在魏國與龐涓並為統軍大將，深得魏王擢拔信重。」

「士當為知己者死，公叔痤相國曾將公孫兄引為知己，不想公孫兄卻背魏報秦，難道不覺得對老相國心中有愧嗎？」公子卬語帶譏刺。

「恩師待我厚意情深，我常常銘記於心。」公孫鞅歎了口氣，「只是魏王無道，致使我無以報國，只能跑到秦地安身立命，魏王狹隘，乃至孫臏受奇恥大辱，被人相救到齊國方才出頭，兄在魏國，聽聞也是被龐涓屢屢排擠，莫如也到秦國，與我一同輔佐我君上，為大秦效力。」

公子卬沉沉放下酒杯，怒喝：「公孫兄，你什麼時候成了秦君的說客了？」

「魏王鼠目寸光，難成大事，兄還是早做打算得好。」公孫鞅舉起酒杯，將席案的酒水一飲而盡。

「今日我來見你，乃是念記故人情深，既已見過，明日戰場交鋒，無須多言。」公子卬又舉杯也將酒水一飲而盡，準備起身離去。

「公子卬，你既然來了，怎麼能說走就走？」

公孫鞅忽然提高了語調。

「公孫鞅，難道你要強留我不成？」公子卬一聲冷笑，跟隨他的三名侍從齊刷刷拔出了長劍。

「孫臏在馬陵之戰射殺龐涓，今日我在清溪會盟要生擒你公子卬。」公孫鞅怒喝一聲。

話音剛落，但見一側的樹林中登時衝出一隊秦軍銳士，攔住了公子卬四人的去路。

公子卬不由大怒：「公孫鞅，你言而無信，居然埋伏了甲兵。」

公孫鞅見勝券在握，鎮定自若道：「兄請見諒，所謂兵不厭詐，今日你既然來了，就不要想著回去了。」

「眾將聽令，活捉公子卬者有重賞。」公孫鞅變了臉色。

「公孫鞅，你無恥，毫無信義。」公子卬大怒，他有點後悔自己的草率決定了。

三名侍從揮刀拚力保護，但明顯寡不敵眾，很快就倒在了血泊之中。

公子卬見今日大勢已去，準備揮劍自殺，被逼到身旁的公孫鞅把手中的佩劍打落在地。「兄何必為難自己，我說過，你今天是回不去了，以後為大秦效命，你是個將才，在大秦還可以好好施展所能。」

公子卬知自己落入秦軍之手，不由罵道：「公孫鞅，你背信棄義誆我到此，實在是令人齒冷的行徑！」

公孫鞅冷笑一聲：「兄難道忘了，我所學的刑名之學並不講什麼信義承諾的虛名，而是要看成效結果，只要達到目的就是了。」

「你……」公子卬氣得說不出話來。

公孫鞅對身邊的趙良道：「通知尸佼，公子卬已經被我擒獲。令他帶領精銳三萬，即刻從側翼攻擊魏軍駐防營地，並將公子卬投降我軍的消息在戰前通告，我則親率主力從武城出擊，魏軍一時無主，當可大破！」

趙良猶豫了一下，他顯然不是很認同這種擒獲公子卬的方式，但主帥有令，也不好推卻，只得急忙去辦。

「公孫鞅，你是個小人！」被秦卒押解的公子卬氣得渾身發抖，卻無可奈何。

魏軍聽聞主帥公子卬被擒獲，鬥志全無，防線徹底崩潰，公孫鞅指揮秦軍一路奔襲，收復了河西大量失地，俘虜殺傷魏軍無數。

公子卬被擒，魏軍河西大敗的消息傳到魏國，魏王氣得嘔血不止，當想到指揮秦軍的竟然是昔日在魏國的公孫鞅時，魏王長歎了一聲：「真後悔當年沒有聽老相國的勸諫，才有今日河西之敗啊！」

經過一番朝中廷議，考慮到魏國面臨強大起來的秦、齊夾擊的戰略困境，魏國不得不做出痛苦的抉擇，將河西佔領百年的大部份魏國土地割讓給秦國，並派遣使者向秦公求和。

秦國此時的強大，就連名義上的共主周天子也坐不住了，於是打發使者送祭肉給秦公，封秦公為「方伯」，中原的諸侯也紛紛向秦國遣使道賀。

秦公為表彰公孫鞅的巨大功勳，在河西之戰後封賞公孫鞅於商十五邑，從此，公孫鞅也被稱之為「商鞅」，百姓們則稱呼他為「商君」了。

月盈則虧

光陰似箭，日月如梭，公孫鞅在秦國主持變法已經十八個年頭了，秦國的面貌為之煥然一新。當時秦國的國庫堆積的米粟多如山丘，秦國民風淳厚，「道不拾遺，民不妄取」，更重要的是大秦軍力強盛，已經從諸侯輕視的野蠻國家一躍成為實力雄厚、不可等閒視之的一流強國了。

周顯王三十一年（秦孝公二十四年；前三三八年），一個陰雨綿綿的黃昏，公孫鞅從咸陽宮見過秦公，臉色鬱鬱地離開寢宮，回到自己的府邸之中，半晌沉默無語。身邊的趙良見他臉色很不好，小心翼翼地問道：「君上的情形……」

自從今年開春，秦公就生了重病，一直臥床不起，朝內朝外都是公孫鞅在支撐國家的日常運轉，從今日公孫鞅的臉色看來秦公的情形要嚴重得多。這不僅是公孫鞅的心病，也是趙良為之焦慮的事情。

「趙良，你是我的心腹，今天我想和你聊聊知心話。」公孫鞅坐在屋子中，有些傷感。

「臣不敢，大人請講。」趙良也有些沉重。

公孫鞅長歎一聲：「今日覲見君上，看他的情形，可能也就是這幾日的光景。」

趙良心裏咯噔一聲，他明白，公孫鞅說的意思是秦公不行了，如果秦公撒手而去，無疑將是秦國的一場巨變，而商君和自己要何去何從，的確是要提前謀劃一番的好。

「君上如果有事，即位的自然是嬴駟，大人和太子之間，頗有些不睦……」趙良欲言又止。

公孫鞅緩緩說道：「如今君上已時日無多，趙良，你覺得我該何去何從？」他像是自言自語，又像是向趙良求教。

趙良緩了口氣，說道：「月滿則虧，水滿則溢，大人不妨把所封的商地交還給新君，辭去官職，到偏僻荒遠的地方隱居避禍，這樣才可在大難來時保得平安。」

「除此還有沒有別的法子？」

「別無他法。」趙良搖搖頭，苦笑道：「大人如果不急流勇退，君上一旦離世，只怕大人想走都成為奢望了。」

公孫鞅臉色微變，他聽得出此中的緊要，半晌沒有言語。趙良欲言又止，只聽得屋外轟隆隆的雨水驚雷之聲。

這一年，秦公在當政二十四年，任用公孫鞅變法十八年之後因病去世，秦國陷入一片悲痛之中。

閉門八年不出的公子虔此時忽然出現，與甘龍、杜摯等貴族老臣一致擁戴太子嬴駟即位，成為新的秦公。嬴駟剛一登基，公子虔就誣告大良造公孫鞅謀反，嬴駟心領神會，於是下詔祕密捕殺在外征戰的公孫鞅。

此時的公孫鞅，在秦、魏的岸門之戰中剛剛獲得勝利，此戰俘虜敵將魏錯，公孫鞅率領大軍押著魏軍的大批俘虜正回師咸陽，截獲了嬴駟即位之後要捕殺自己的密函。公孫鞅看過密函不由臉色大變，良久方緩過神來。

在他身側的尸佼接過密函，也是半晌不語，而後獻計道：「為今之計，只有放手一搏，你手握河西得勝歸來的兵馬，莫如殺回咸陽，廢了秦君……」

公孫鞅搖頭道：「我為大臣，嬴駟現在已經是秦君，臣子自然不能不忠於君上，豈可在這個時候舉兵篡位？」

尸佼歎了口氣，只得道：「你既然如此想，那也別無他法，咸陽看樣子是回不去了，既然秦國的變法大業初成，我看我們還是早點逃命的好。」

公孫鞅無奈道：「不想一世功業，就如過眼雲煙。老師，離開秦國，我們又能去哪裏？」

尸佼也歎了口氣：「如今列國紛爭，沒有多少安寧的淨土，我看我們還是一起到蜀國去，也許可以安身立命，頤養天年。」

公孫鞅感慨道：「我在秦國變法一十八載，秦為之強，如今朝堂生變，一夜之間，從權傾朝野的大臣變成了被追捕的罪犯，實在是世事無常。老師你不妨先去蜀國，我到咸陽去探探風聲，如果情勢進一步變壞，我就到蜀國投奔老師。」

「咸陽，如今你怎麼能去？」尸佼急道，「功名利祿都是身外之物，緊要關頭，還是保命要緊。」

「老師放心，我不相信我治秦十八年，還沒有人能夠跟隨我，保護我。」公孫鞅似乎對回咸陽的安全很有信心。

「好吧，你一路小心，實在不行的話，就想辦法到蜀國來，我們師徒就在蜀地相見吧。」尸佼見勸阻不住公孫鞅，無可奈何地搖頭而去。

可惜，公孫鞅還是想錯了。次日，他率的大軍中就有流言散佈說，公孫鞅是罪犯，抓住公孫鞅的，新君有重賞。這消息一傳十，十傳百，軍中竟開始發生騷亂，擁戴自己的士卒與抓捕自己的人馬發生衝突，鬧得兵戎相見。

公孫鞅見形勢不妙，於是帶領殘部潛回商邑，計畫舉兵對抗新君，而新秦公嬴駟先發制人，派遣大軍迅速攻打商邑，公孫鞅雖有不少親信，但寡不敵眾，最終倉皇而逃，幾日下來，竟成了孤家寡人。

也不知逃了多久，天色深沉，前面似乎是一道關口，狼狽的公孫鞅腹中飢餓，決定在關隘之客舍住宿一宿，明日再尋去處，於是下馬上前對舍主道：「店家，可有屋舍住宿一宿，順便弄些吃的給我？」

舍主仔細打量公孫鞅一番，道：「看先生像是趕路的客商，不知是否帶有符條？」

「符條？」公孫鞅一愣，「要符條做什麼？」

舍主無奈道：「沒有符條，那是住不成的！」

公孫鞅奇道：「沒有符條，為何住不成客舍？」

舍主沒好氣道：「你是官府派來的暗探不成？我大秦遊士律規定：遊士居留而無憑證的，所在的縣要罰一甲，居住期滿一年，應加以誅責，有幫助秦人逃離國境的，要從戶籍上除名，上造爵位以上的人還要罰做鬼薪，公士以下的刑罰則是去城旦。你沒有符條，你說我怎麼敢收留你？」

公孫鞅一怔，剛才情急之下忘了，舍主所說正是自己頒佈的法令，若收留無官府憑證的旅客住宿，主人要與「奸人」同罪論處的。

一時間，悔恨、懊惱還是尷尬，都說不清了。

公孫鞅哭笑不得，當時自己制定刑法的時候嚴苛無情、一絲不苟，不想今日自己落難之時無處可棲，原因竟然是自己制定的法律條文，當真是搬起石頭砸自己的腳了。

公孫鞅毫無辦法，只得強忍疲憊、飢餓，一路向東，尋思跑到魏國邊境，看能否尋找時機偷渡到魏國。

天濛濛亮的時候，飢寒交迫的公孫鞅終於到達秦魏邊境，這是一處相對安全的關卡，好不容易混過秦國的邊卡之後，公孫鞅鬆了口氣，不想越境還沒有幾步，一隊魏國士卒忽然堵住了前路。

公孫鞅正欲奪路而走，忽聽這隊士卒中有人指著他道：「公孫鞅，怎麼穿著便裝來到我魏國，難道是要羞辱我們魏軍不成？」

這士卒曾參加秦、魏數次戰役，見過公孫鞅，故而識得商君。

公孫鞅苦笑：「豈敢羞辱，只因我為秦國新君所緝捕，故而逃難到此，如蒙魏國不棄，我自當面見魏王，稟明緣由，對各位必定好生感謝。」

那士卒長與士卒們嘀咕了幾句，道：「公孫鞅，你欺騙我魏將公子卬，擄殺我河西大軍，今日你虎落平陽，我們兄弟也不想落井下石，你還是逃命去吧，但魏國的士卒，絕不會放一個仇人入境，我看你還是回秦國吧。」

公孫鞅見士卒長言辭頗為激烈，不免失望，又靈機一動道：「即使我不能留足魏國，希望各位弟兄高抬貴手，我要到韓、趙兩國去，先借道魏國，請諸位弟兄行個方便。」

為首的魏卒又嘀咕一陣，指著公孫鞅道：「你本是秦國重臣，卻是從我魏國逃去，對我魏國而言乃是叛逆之人，如今秦國追捕你，而你又要回到魏國避難，對我們不利，我們才不上當呢！你還是速速離境吧，別讓我們抓你，那樣大家都不好看。」

公孫鞅見對方主意堅決，只得無奈轉回秦境，不幸正與追捕而來的一隊秦兵相遇，公孫鞅奮力抵抗，終因寡不敵眾，受傷被擒。

鄭國的澠池，寒意蕭瑟，公孫鞅被綁縛在刑場之中，公子虔代表秦君來行刑。

公子虔看著臺上的公孫鞅，不由心中湧起一股復仇的快感：「公孫鞅，前些年你不可一世，想不到你也有今天吧！」

公孫鞅使盡力氣睜眼來看，見是公子虔，不由哈哈冷笑：「我道是誰，原來是你一個廢人！」

「你死到臨頭還敢嘴硬。」公子虔厲聲指斥道。

「今日我公孫鞅死了，又有何妨，大秦以後的強盛，還是要感謝我公孫鞅！」公孫鞅有些傷感，又飽含自信道。

「你是謀反，如今新君即位，自然要改弦更張，豈能還用你的法子。」公子虔不屑道。

「公子虔，你說這話未免太早了，如果要秦國繼續強大，傲視列強，那就一定要用我的治國之道。只有新法，才能強秦。」公孫鞅自信滿滿，他掙扎著繼續道：「嬴駟不是蒙昧之君，他一定能夠明白，公孫鞅可以殺，新法卻不可以廢。」

公子虔再也不想聽下去，「行刑，行刑！」

……

數日後，公孫鞅的屍體被運回咸陽，在咸陽的南門外示眾。

待觀看的人群漸漸散去，有一男子從一側走將出來，嘆息道：「不想商君在秦變法十八年，竟落得如此淒慘下場」

又聽一人道：「杜成，商君立木取信，賞賜你五十金，得以治好母親的病，咱不能沒有良心。」

「劉叔說得對，現在看看我們秦國，還有誰敢欺負？這都是商君的功勞啊。」說這話的阿良和小武一同走出，還有劉叔一家人。

「我們找塊地方，把商君遺體埋了吧，畢竟入土為安。」說這話的女子依靠著小武，生得柔柔弱弱，正是小武剛娶的媳婦，她臉上一副不忍的表情。

「嗯，大家一起來幫忙，把商君安葬了吧。」劉叔道。

天空中一片雪花飄落，眾人一起忙碌著。

嬴駟在咸陽的大殿中認真翻閱公孫鞅新法的條文簡冊，半晌無語。在一側的公子虔道：「君上，公孫鞅定的這些條文我們怎麼處置？」

嬴駟歎了口氣道：「我這幾天想了好久，公孫鞅是被我們除掉了，但他這些法子，看不出有什麼需要改變的。」

公子虔、甘龍、杜摯、公孫賈一驚，幾個人互相看了一眼，都不敢言語。

「還是按公孫鞅的新法辦吧！」嬴駟顯然下定了決心。「公孫鞅雖然謀反，但對大秦還是有大功勞的。」

公子虔、甘龍、杜摯、公孫賈臉色有些難看，但也無可奈何。

嬴駟不久改稱秦王，史稱秦惠文王，他並沒有廢棄公孫鞅的變法，而是繼續其父秦孝公確定的強秦路線，「商鞅雖死，而秦法未敗」。秦國歷經秦惠文王、秦武王、秦昭王、秦孝文王、秦莊襄王，傳至秦王嬴政，嬴政奮六世之烈，終於在公元前二二一年完成了統一六國的壯舉，商鞅，作為中國歷史上著名的政治改革家而留名史冊。

商鞅生平簡表

前三九九年（周安王三年）

色諾芬的老師蘇格拉底在雅典被處死，雅典政府也對色諾芬宣佈了放逐令。

前三九五年（周安王七年）

底比斯聯合雅典、科林斯與阿戈斯與斯巴達爆發持續八年的科林斯戰爭。

前三八九年（周安王十三年）

陰晉之戰，秦國起兵五十萬討伐魏國西河郡，被郡守吳起以少勝多擊敗秦軍。

高盧人擊敗羅馬，侵入羅馬城。

前三八七年（周安王十五年）

吳起奔楚。

秦惠公薨，子秦出公立。

前三九五年（約周安王七年）

生於衛國。

前三八六年（周安王十六年）

周安王承認齊國大夫田和為齊侯，田齊建立。

楚悼王任命吳起為令尹，實行變法。

趙遷都邯鄲。

前三八五年（周安王十七年）

秦庶長改弒秦出公而立秦獻公師隰。

韓伐鄭取陽城，又攻宋到彭城，虜宋悼公。宋人立悼公子宋休公田。

前三八三年（周安王十九年）

秦獻公遷都櫟陽（今陝西富平東南）。

趙國攻破衛國都城濮陽，衛國趕忙向魏國求援，魏武侯親自率領大軍前往救援。

前三八二年（周安王二十年）

魏國聯合齊國為衛國報仇，出兵攻打趙國。

前三八一年（周安王二十一年）

棘蒲之戰，楚國、趙國聯軍打敗魏國，此役也是魏國自魏文侯改革以來首次在戰場上失利。

楚悼王薨，宗室大臣殺吳起，射中王屍，太子臧立，為楚肅王。追究射王屍者，族滅七十餘家。

前三七六年（周安王二十六年）

趙、魏、韓滅晉，三分其地，史稱「三家分晉」。

前三七五年（周烈王元年）

韓滅鄭之戰，韓國滅鄭國後徙都新鄭。

前三七〇年（周烈王六年）

底比斯伊巴密濃達首次進侵伯羅奔尼撒，重創了斯巴達的經濟根基與威信。

前三六九年（周烈王七年）

魏罃與魏緩爭位，韓懿侯、趙成侯引兵攻魏，韓懿侯主張立兩人為君，把魏國降為韓、趙的藩屬。而趙成侯主張立公中緩而瓜分魏國之地，兩國意見不合而退兵，魏罃趁機襲殺魏緩，自立為國君，是為魏惠王。

前三六四（周顯王五年）

秦獻公親率主力進至河東，秦將章蟜在石門山（今山西省運城西南）大敗魏軍，斬首六萬。由於趙國出兵救援魏國，秦才退兵。此戰為秦國對魏國的首次重大勝利，諸侯震動，周顯王亦祝賀「獻公稱伯」，並頒賞他繡著黼黻圖案的服飾。

前三六三年（周顯王六年）

秦出兵攻擊魏少梁，趙國出兵救援魏國，少梁之役爆發。

前三六二年（周顯王七年）

秦乘魏與韓、趙戰於澮水之機，以庶長國為將，再次攻擊魏少梁，擊敗魏軍，俘其主將公孫痤並佔領繁龐。

秦獻公薨，子秦孝公渠梁立。

前三六一年（周顯王八年）

商鞅在秦國實施商鞅變法的改革。

魏惠王遷都大梁，同時派龍賈率軍修築河西長城，對秦採取守勢。

前三五七年（周顯王十二年）

田齊桓公薨，子齊威王因齊立。

前三六一年（秦孝公元年）

從魏國來到秦國，通過景監的推薦與秦孝公相見。

前三五四年（周顯王十五年）

秦敗魏於元里，斬首七千級，取少梁。

魏惠王使龐涓攻趙，圍邯鄲。楚宣王使景舍救之。

前三五三年（周顯王十六年）

邯鄲之難，邯鄲在堅守一年之後被魏軍攻克，齊威王使田忌、孫臏救趙，圍魏。十月，邯鄲降魏，龐涓還，齊大敗之於桂陵。

前三五一年（周顯王十八年）

秦國進攻魏國，佔領固陽。

魏國與趙國結盟（漳水之盟），魏還邯鄲於趙。

魏國築長城，齊國築齊長城抵禦楚國。

申不害成為韓國宰相。

前三五六年（秦孝公六年）

第一次變法。

前三五二年（秦孝公十年）

擔任大良造。

前三五〇年（周顯王十九年）

秦徙都咸陽，秦孝公命商鞅在秦國國內進行第二次變法。

秦孝公與魏惠王在彤（今陝西華縣西南）會盟修好，將河西部分土地歸還魏國。

趙成侯薨，公子緤與太子語爭位失敗奔韓，太子即位，為趙肅侯。

前三四六年（周顯王二十三年）

衛因國弱土小，自貶為侯爵，臣服三晉。

古希臘第三次神聖戰爭結束，馬其頓和雅典議和。

前三四三年（周顯王二十六年）

周顯王致秦孝公為伯，諸侯畢賀。秦孝公使公子少官率師會諸侯於逢澤以朝周王。

波斯帝國阿契美尼德王朝阿爾塔薛西斯三世擊敗埃及第三十王朝埃及法老內克塔內布二世，重新建立波斯對埃及的統治，建立埃及第三十一王朝。

前三四二年（周顯王二十七年）

魏國發兵攻韓，韓國向齊國求援。齊國軍師孫臏再次使用圍魏救趙的戰術，率軍包圍魏國首都大梁。魏惠王下令龐涓撤兵回救，龐涓在馬陵之戰全軍覆沒，太子申被俘，龐涓亦自刎而死。

前三五〇年（秦孝公十二年）

秦國遷都咸陽，第二次變法。

前三四六年（秦孝公十六年）

刑公子虔、公孫賈。

前三四〇年（周顯王二十九年）

楚宣王薨，子楚威王商立。

前三三八年（周顯王三十一年）

古希臘地區喀羅尼亞戰役，馬其頓擊敗雅典和底比斯，征服希臘全境。

前三三〇年（周顯王三十九年）

秦國全殲魏國防衛西河、上郡的主力，主將龍賈被俘，魏惠王被迫於次年將西河郡全部獻給秦國。至此，秦全部收復了被魏奪佔的河西地區。馬其頓王國亞歷山大三世的馬其頓大軍攻入波斯帝國都城波斯波利斯，波斯帝國正式滅亡。

前三四一年（秦孝公二十一年）

河西之戰，俘虜魏將公子卬，封賞於、商十五邑，號商君。

前三三八年（秦孝公二十四年）

秦孝公病死，商鞅被殺。

嗨！有趣的故事

商鞅

責任編輯：苗　龍
裝幀設計：盧穎作
著　　者：王向輝

出　　版：中華教育
香港北角英皇道 499 號北角工業大廈一樓 B
電　　話：(852) 2137 2338
傳　　真：(852) 2713 8202
電子郵件：info@chunghwabook.com.hk
網　　址：http://www.chunghwabook.com.hk

發　　行：香港聯合書刊物流有限公司
香港新界荃灣德士古道 220-248 號荃灣工業中心 16 樓
電　　話：(852) 2150 2100
傳　　真：(852) 2407 3062
電子郵件：info@suplogistics.com.hk

版　　次：2023 年 9 月第 1 版第 1 次印刷

規　　格：16 開（210mm × 148mm）
I S B N：978-988-8807-14-7

本書繁體中文版由中華書局授權出版

Hi! Story · Hi! Story